KB115499

고사성어가 열리는

천자문 나무

팬더 컬렉션/엮음

圖書出版 明文堂

머리말

천자문 대서사시(大敍事詩)

《천자문(千字文)》은 흔히 한문을 처음 배우는 사람을 위한 입문서로 알려져 있지만, 그 내용은 단순한 교습서를 넘어 우주와 자연의 섭리, 인간의 도리와 처세의 교훈 등 삼라만상을 함축하여 망라하고 있다.

《천자문》은 중국 남조(南朝) 양(梁)나라 무제 때의 관료인 주흥사(周興嗣, 470?~521)가 글을 짓고 동진(東晉)의 왕희지(王羲之)의 필적 중에서 해당되는 글자를 모아 만들었다고 하며 사언고시(四言古詩) 250구(句), 합해서 1,000자가 각각 다른 글자로 되어 있다.

지영의 진초천자문 묵적(眞草千字文墨迹)

황제의 명으로 주흥사가 이 글을 하룻밤 만에 지은 뒤 머리가 하얗게 셌다는 전설과 함께 「백수문(白首文)」이라는 별칭이 있다.

내용은 「천지현황(天地玄黃)」에서 시작하여 「언재호야(焉哉乎也)」로 끝난다. 당나라 이후 급격히 보급되어 많은 서가(書家)에 의하여 써졌으며 그 중에서도 습자교본으로 가장 유명한 것은, 왕희지의 7대손 지영(智永)이 진서(眞書 : 楷書)와 초서(草書) 두 체로 쓴 《진초천자문(眞草千字文)》본으로 1109년에 새긴 석각(石刻)이 전하고 있다.

천자문이 한국에 전해진 연대는 확실치 않으나 백제 때 왕인(王仁)이 《논어(論語)》 10권과 함께 이 책 1권을 일본에 전했다는 기록으로 보아 이보다 훨씬 전에 들어온 것으로 추측된다.

우리나라에서 가장 널리 알려진 천자문은 명필 한호(韓濩, 호는 石峯)의 글씨로 1583년 서울에서 간행된 《석봉천자문》이다.

요즈음 우리나라에서는 2천여 년 동안 사용해왔던 한자가 반세기도 채 안 되는 기간에 완전히 외국어가 되어버린 듯한 생각이 든다. 한글전용정책과 서구학문에 지나치게 경도되어 한학을 공부하는 학문의 맥이 끊어지다시피 한 것이다.

중국 역시 사회주의 국가를 세우고 나서 유학을 봉건시대 지배계급의 문화로 치부하면서 간체자를 개발하여 혼용해왔다. 이로 인해 최근에 와서는 중국인들 역시 전문 연구자 외에는 옛 문헌을 읽지 못하는 또 다른 문맹을 초래하고 말았다.

이제 중국은 그 옛날 대국의 명성을 다시 찾아가며 마침내는 미국 다음가는 경제대국으로 부상하고 있다.

지금껏 우리나라에서는 공공연히 영어의 공용화 주장까지 나오는 판에 제2의 우리글이기도 하였던 한문을 병행해서 사용하지 못할 이유가 무엇인가? 중국이 세계 최대 경제대국이 되는 것도 시간문제인 지금에

와서 조금만 더 관심을 기울여 공부하면 2천 년을 사용해 왔던 한자를 더욱 친숙하고 쉽게 이해할 수 있지 않을까?

한글은 세종대왕께서 창제한 세계에서도 가장 훌륭한 우리글임은 누구나 다 알고 있다. 그런데 참으로 놀랍게도 한자 또한 고대 우리 민족이었던 동이족(東夷族)이 만들었다는 주장이 제기되고 있다.

중국의 일부 유명 학자들까지도 한자라는 뜻글자를 창제한 민족이 동이족임을 밝혔다. 주역의 괘(卦)를 만든 복희씨가 동이족이고, 최초의 한자라고 일컬어지는 갑골문자 또한 동이족이 세운 은(殷)나라의 문자이기 때문이다. 또한 낱글자 속에 담긴 상수리(象數理)의 이치에 의해 동이족이 한자를 만들었음을 밝혔다.

어느 영문학자는 "영어를 무분별하게 사용함으로써 한글문화가 천박해졌다는 소리는 들어보았으나, 한문을 사용해서 한글의 수준이 낮아졌다는 얘기는 들어보지 못했다."고 말하고 있다.

천자문을 막연히 그냥 외우는 것은 무척 지루할 뿐더러 이해하기도 쉽지 않다. 그래서, 「천자문을 어떻게 하면 재미있고 쉽게 배울 수 있을까?」 생각한 끝에 천자문과 재미있는 「고사성어」를 연결해서 공부하면 어떨까 하는 생각에서 《고사성어가 열리는 **천자문 나무**》라는 책을 만들어 보았다.

이 「천자문 나무」에는 천자문의 1,000개에 가까운 글자 수만큼의 고사성어가 열려 있다. 아래

<천자문 나무>는,

「구름이 올라 비가 되며, 이슬이 맺혀 서리가 된다」

운 등 치 우 노 결 위 상
雲騰致雨 露結爲霜

이렇게 4언고시로 된 천자문 한 자 한 자마다 고사성어가 연계되어 있음으로 해서 이 나무 전체를 머릿속에 기억하는 방식으로 「천자문」과 「고사성어」를 함께 기억할 수 있는 일석이조의 공부 방법인 것이다.

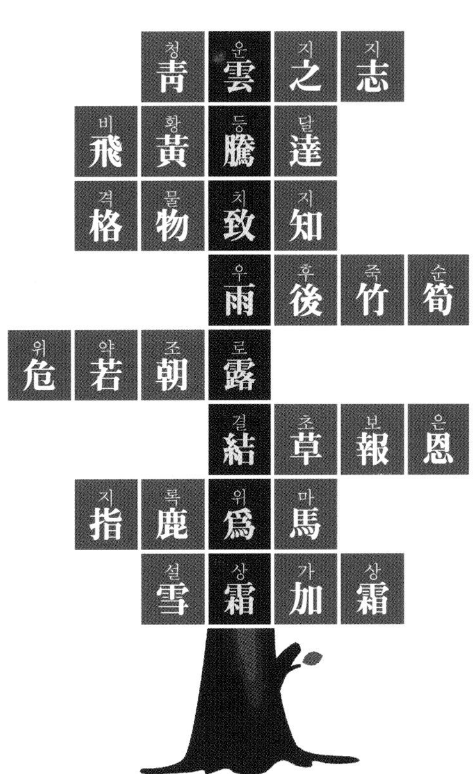

목 차

14. 坐朝問道(좌조문도) 垂拱平章(수공평장) : 조정에 앉아 도를 물으니, 옷자락을 늘어뜨리고 팔짱만 끼고 있어도 밝게 다스려진다 / 10

{行住坐臥(행주좌와) / 朝令暮改(조령모개) / 不恥下問(불치하문) / 天道是非(천도시비) / 坐不垂堂(좌불수당) / 垂拱平章(수공평장) / 平地風波(평지풍파) / 斷章取義(단장취의)}

15. 愛育黎首(애육여수) 臣伏戎羌(신복융강) : 백성을 아끼고 사랑하면 사방의 오랑캐도 신하로 복종한다 / 26

{愛及屋烏(애급옥오) / 父生母育(부생모육) / 愛育黎首(애육여수) / 狐死首丘(호사수구) / 亂臣賊子(난신적자) / 伏龍鳳雛(복룡봉추) / 投筆從戎(투필종융) / 羌无故實(강무고실)}

16. 遐邇壹體(하이일체) 率賓歸王(솔빈귀왕) : 멀고 가까운 곳을 하나로 보아, 거느리고 와서 복종하여 임금에게 귀의한다 / 38

{遐邇壹體(하이일체) / 柔遠能邇(유원능이) / 九死一生(구사일생) / 絶體絶命(절체절명) / 率土之濱(솔토지빈) / 賓至如歸(빈지여귀) / 事必歸正(사필귀정) / 王侯將相(왕후장상)}

17. 鳴鳳在樹(명봉재수) 白駒食場(백구식장) : 우는 봉황새는 나무에 있고, 흰 망아지는 마당에서 풀을 먹는다 / 46

{孤掌難鳴(고장난명) / 鳴鳳在樹(명봉재수) / 螳螂在後(당랑재후) / 風樹之嘆(풍수지탄) / 黑風白雨(흑풍백우) / 白駒過隙(백구과극) / 東家食西家宿(동가식서가숙) / 一場春夢(일장춘몽)}

18. 化被草木(화피초목) 賴及萬方(뇌급만방) : 덕화가 풀과 나무에도 입혀지고, 힘입음이 만방에 미친다 / 58

{無爲而化(무위이화) / 被褐懷玉(피갈회옥) / 三顧草廬(삼고초려) / 緣木求魚(연목구어) / 賴及萬方(뇌급만방) / 駟不及舌(사불급설) / 家書萬金(가서만금) / 志在四方(지재사방)}

19. 蓋此身髮(개차신발) 四大五常(사대오상) : 무릇 이 몸과 터럭은, 네 가지 큰 것과 다섯 가지 떳떳함으로 이루어져 있다 / 72

{拔山蓋世(발산개세) / 此忘憂物(차망우물) / 明哲保身(명철보신) / 白髮三千丈(백발삼천장) / 四面楚歌(사면초가) / 寬仁大度(관인대도) / 五里霧中(오리무중) / 兵家常事(병가상사)}

20. 恭惟鞠養(공유국양) 豈敢毁傷(기감훼상) : 살피고 길러주심을 공손히 생각할 때, 어찌 감히 헐고 다치게 할 수 있을까 / 86

{洗耳恭聽(세이공청) / 人惟求舊(인유구구) / 鞠躬盡瘁(국궁진췌) / 存心養性(존심양성) / 豈敢毁傷(기감훼상) / 安敢生心(안감생심) / 巢毁卵破(소훼난파) / 暗箭傷人(암전상인)}

21. 女慕貞烈(여모정열) 男效才良(남효재량) : 여자는 곧은 절개를 사모하고, 남자는 재량을 본받는다 / 96

{男負女戴(남부여대) / 思慕不忘(사모불망) / 元亨利貞(원형이정) / 秋霜烈日(추상열일) / 男效才良(남효재량) / 東施效嚬(동시효빈) / 才占八斗(재점팔두) / 家貧思良妻(가빈사양처)}

22. 知過必改(지과필개) 得能莫忘(득능막망) : 허물을 알면 반드시 고쳐야 하고, 고칠 수 있게 되었다면 잊지 말아야 한다 / 106

{聞一知十(문일지십) / 過猶不及(과유불급) / 萬折必東(만절필동) / 改過遷善(개과천선) / 要領不得(요령부득) / 柔能制剛(유능제강) / 莫無可奈(막무가내) / 得魚忘筌(득어망전)}

23. 罔談彼短(망담피단) 靡恃己長(미시기장) : 다른 사람의 단점을 말하지 말고, 자신의 장점을 믿지 마라 / 120

{蒼黃罔措(창황망조) / 街談巷說(가담항설) / 知彼知己(지피지기) / 尺短寸長(척단촌장) / 望風而靡(망풍이미) / 靡恃己長(미시기장) / 克己復禮(극기복례) / 敎學相長(교학상장)}

24. 信使可覆(신사가복) 器欲難量(기욕난량) : 약속은 실천할 수 있게 하고, 그릇은 깊이를 헤아리기 어렵게 하고자 한다 / 134

{信使可覆(신사가복) / 咸興差使(함흥차사) / 後生可畏(후생가외) / 前車覆轍(전거복철) / 大器晩成(대기만성) / 欲速不達(욕속부달) / 衆口難防(중구난방) / 車載斗量(거재두량)}

25. 墨悲絲染(묵비사염) 詩讚羔羊(시찬고양) : 묵자는 실이 물드는 것을 보고 슬퍼하였고, 시는 고양편을 찬미하였다 / 148

{近墨者黑(근묵자흑) / 狐死兎悲(호사토비) / 一絲不亂(일사불란) / 墨子悲染(묵자비염) / 詩有四離(시유사리) / 自畵自讚(자화자찬) / 詩讚羔羊(시찬고양) / 羊頭狗肉(양두구육)}

千字文 나무

14. 坐朝問道 垂拱平章 坐朝问道 垂拱平章

좌조문도 수공평장

❶ 行住坐臥 (행주좌와)

❷ 朝令暮改 (조령모개)

❸ 不恥下問 (불치하문)

❹ 天道是非 (천도시비)

❺ 坐不垂堂 (좌불수당)

❻ 垂拱平章 (수공평장)

❼ 平地風波 (평지풍파)

❽ 斷章取義 (단장취의)

풀이

❶ 行住坐臥 (행주좌와) 行住坐臥 다닐 **行** 살 **住** 앉을 **坐** 누울 **臥**

걷고, 정지하고, 앉고, 눕는 4가지 동작. 이 네 동작은 인간의 일상생활에 있어서의 근본적인 기거동작이다. 이 네 동작으로 대표되는 인간의 일상 행위를 통하여, 불도(佛道)를 수행하는 사람은 모든 규칙에 어긋남이 없이 마음과 형식이 조화를 이루는 기거행동을 해야 한다는 것이다.

이것을 수행자(修行者)의 생활에 있어서 네 가지의 몸가짐을 이르는 사위의(四威儀)라고 한다. 여기서 본래의 뜻에서 전의(轉義)하여 지금은 일반적으로 일상의 기거동작을 가리키는 말이 되었다.

《심지관경(心地觀經)》에 있는 말이다.

「행주좌와가 모든 고뇌를 받는다(行住坐臥 受諸苦惱)」

또 두보(杜甫)의 시 「백우집행(百憂集行)」에 있는 말이다.

「지금 어느 새 이미 쉰 살이 되니, 앉거나 누움이 오로지 많고 가거나 서는 것은 질색이라네(卽今倏忽已五十 坐臥只多少行立)」

❷ 朝令暮改 (조령모개) 朝令暮改 아침 **朝** 법 **令** 저녁 **暮** 고칠 **改**

법령을 자주 고쳐서 갈피를 잡기가 어려움.

아침에 내린 명령이나 법령이 저녁에는 다시 바뀐다는 뜻이다. 현실을 무시하거나 원칙이 서 있지 않고 갈팡질팡하는 처사를 말한다. 꼭 정부의 처사에 한한 것이 아니고, 모든 경우의 일관성 없는 지시 따위를 이렇게

한문제

말할 수 있다.

《사기》 평준서에 보면 한문제(漢文帝) 때 일이라 하여,

「흉노가 자주 북방을 침범해 들어와 약탈을 자행하기 때문에 수비하는 군대들이 직접 농사를 짓는 둔병(屯兵) 제도를 실시했다. 그러나 그것만으로는 부족했기 때문에 그 부족량을 충당하기 위한 방법으로, 곡식을 나라에 바칠 사람과 그것을 현지까지 운송할 사람을 공모하여 그 수량과 성적에 따라 벼슬을 주기로 했다」는 기록이 있다.

이러한 조치를 취하게 된 것은, 문제와 경제(景帝) 두 조정에 걸쳐 어사대부라는 부총리 벼슬에까지 올랐던 조조(鼂錯)의 헌책에 의해서였다. 그는 이 같은 정책을 실시해야 한다고 주장한 상소문 가운데서 「조령모개(朝令暮改)」란 말을 쓰고 있다. 이 말이 나오는 대목을 소개하면 다음과 같다.

「지금 다섯 명 가족의 농가에서는 부역이 너무 무겁기 때문에 여기에 매어 사는 사람이 둘 이상에 이르고, 밭갈이할 수 있는 경우에도 겨우 백 묘를 넘지 못하며, 백 묘의 수확은 백 석을 넘지 못한다. ……관청을 수리하고 부역에 불려 나가는 등…… 사시사철 쉴 날이 없다. ……이렇게 살기 힘든 형편에 다시 홍수와 가뭄의 재난이 밀어닥치고, 뜻하지 않은 조세와 부역에 응하지 않으면 안된다. 조세와 부역은 일정한 시기도 없이 아침에 명령이 내려오면 저녁에는 또 다른 명령이 고쳐 내려온다(朝令而暮改). 전답 잡힐 것이 있는 사람은 반값에 팔아 없애고, 그것도 없는 사람은 돈을 빌려 원금과 같은 이자를 물게 된다. 이리하여 논밭과 집을 팔고 자식과 손자를 팔아 빚을 갚는 사람까지 생겨나게 된다」

즉 지나친 세금과 부역은 장사꾼과 빚쟁이를 배불리는 결과를 가져오게 되고, 또한 농민들은 농토를 잃게 되므로 세금과 부역을 줄이고, 힘이 있고 재물이 있는 사람에게 곡식을 바치고 벼슬을 사도록 하라는 내용이다.

조조는 부국강병책으로 중앙집권을 꾀한 나머지 제후들 중에 조금만 잘못이 있으면 트집을 잡아 땅을 깎아 직속 군(郡)으로 만들었기 때문에 그것이 화근이 되어 오초칠국(吳楚七國)의 반란을 불러일으키고, 그 자신 그 죄로 인해 죽게 된다.

❸ 不恥下問(불치하문) 不耻下问 아니 **不** 부끄러울 **恥** 아래 **下** 물을 **問**

「아랫사람에게 묻는 것을 결코 부끄럽게 여기지 않는다」라는 뜻으로, 아무리 지위가 낮거나 못난 사람이라 할지라도 자기가 모르는 것을 알고 있을 수 있으니, 자신이 모르는 것을 묻는 것은 신분이나 지위가 높고 낮음을 가리지 않고 부끄러울 것이 없다는 뜻이다.

옛날 통치자들은 유가 학설의 창시자인 공자를 가리켜 천성적으로 가장 학문이 있는 성인으로 높이 받들었다. 그러나 공자 자신은 《논어》 술이편에서 이렇게 말했다.

「나는 태어나면서부터 학문이 있었던 것은 아니다. 옛것을 좋아해서 민첩하게 이를 구하려는 사람이다」

어느 날 공자는 태묘(太廟)에 가서 노나라 임금이 조상에게 제사를 지내는 의식에 참가한 적이 있는데, 매사에 모르는 것이 있으면 사람들에게 물어본 뒤 시행했다는 것이다. 이에 어떤 사람들은 그가 의례(儀禮)를 너무 모른다고 비난했다. 그 말을 들은 공자는 이렇게 대답했다고 한다.

「내가 모르는 일에 매사 묻는 것이 바로 내가 의례를 알려고 하는 것이 아닌가?」라고.

자 공

그 무렵 위나라에는 공어(孔圉)라고 하는 대부가 있었는데, 죽은 뒤에 시호를 문(文)이라 하였다. 때문에 사람들은 그를 공문자(孔文子)라고 불렀다. 이 일을 두고 공자의 제자인 자공(子貢)이 어느 날 공자에게 이렇게 물었다.

「공문자는 왜 시호를 문이라고 했습니까?」

그러자 공자가 대답했다.

「그는 명민하면서도 배우는 것을 좋아하여 아랫사람에게 묻는 것도 부끄러워하지 않았다. 이 때문에 문(文)이라고 한 것이다(敏而好學 不恥下問 是以謂文也)」

「불치하문」은 바로 공자의 이 말에서 유래한 것으로, 오늘날에는 겸허하고 부끄럼 없이 배우기를 즐기고 진심으로 남의 가르침을 받는 태도를 말한다.

비슷한 의미로, 「함께 길을 가는 세 사람 가운데 반드시 나의 스승이 될 만한 사람이 있다」는 뜻의 「삼인행필유아사(三人行必有我師)」라는 말이 있다. 이 말은 누구에게라도 배울 점이 있다는 말이다.

또 「공자천주(孔子穿珠)」라는 말이 있는데, 이는 공자가 실에 구슬 꿰는 방법을 몰라 바느질하는 아낙네에게 물어 개미허리에 실을 매고 구슬 구멍 반대편에 꿀을 발라 개미가 꿀 냄새를 맡고 바늘을 통과해 구슬을 꿰었다는 말인데, 역시 자기보다 못한 사람에게 묻는 것을 부끄럽게 여기지 않는다는 뜻이다.

공 자

❹ 天道是非 (천도시비) 天道是非 하늘 **天** 길 **道** 옳을 **是** 아닐 **非**

하늘의 뜻이 과연 옳은지, 그른지? 이는 곧 옳은 사람이 고난을 겪고, 그른 자가 벌을 받지 않는 것을 보면서 과연 하늘의 뜻이 옳은가, 그른가 하고 의심해 보는 말이다.

《노자》 제70장에, 「하늘의 도는 친함이 없어서 항상 선한 사람의 편을 든다(天道無親 常與善人)」는 말이 있다. 이 말은 아무리 악당과 악행이 판을 치는 세상이라 해도 진정한 승리는 하늘이 항상 선한 사람의 손을 들어 준다는 뜻이다. 물론 이것은 일정 정도 정당한 논리이지만, 현실 속에서는 그렇지 못한 것을 우리는 비일비재하게 보아 왔다.

《사기》를 쓴 사마천은 한나라 무제 때 인물이다. 그는 태사령으로

사마천

있던 당시 장수 이능(李陵)을 홀로 변호했다가 화를 입어 궁형(宮刑 : 거세당하는 형벌)에 처해졌다. 「이능의 화(禍)」라고 하는데, 전말은 이렇다.

이능은 용감한 장군으로, 5천 명의 병력을 이끌고 흉노족을 정벌하다가 중과부적(衆寡不敵)으로 부대는 전멸하고 자신은 포로가 되었다. 그러자 조정의 중신들은 황제를 위시해서 너나없이 이능을 배반자라며 비난했다. 그때 사마천은 이능의 억울함을 알고 분연히 일어나 그를 변호하였다. 이 일로 해서 사마천은 투옥되고 사내로서는 가장 치욕적인 형벌인 궁형을 당했던 것이다. 그러나 사마천은 여기에 좌절하지 않고 치욕을 씹어가며 스스로 올바른 역사서를 쓰리라고 결심하였다. 그리하여 마침내 완성한 130권에 달하는 방대한 역사서가 《사기》이다.

그는 《사기》 속에서, 옳은 일을 주장하다가 억울하게 형을 받게 된 자신의 울분을 호소해 놓았는데, 이것이 바로 백이숙제열전에 보이는 유명한 명제 곧 「천도는 과연 옳은가, 그른가(天道是耶非耶)」이다. 그는 이렇게 말한다.

「흔히 『하늘은 정실(情實)이 없으며 착한 사람의 편이다』라고 말한다. 그러나 이는 인간이 부질없이 하늘에 기대를 거는 이야기에 지나지 않는다. 이 말대로 진정 하늘이 착한 사람의 편이라면 이 세상에서 선인은 항상 영화를 누려야 할 것이다. 그러나 실상은 그렇지가 않으니 어쩐 일인가?」 이렇게 말한 그는 다음과 같은 예를 들었다.

「백이 숙제가 어질며 곧은 행실을 했던 인물임은 세상이 다 아는 일이다. 그런데 그들은 수양산에 들어가 먹을 것이 없어 끝내는 굶어죽고 말았다. 공자의 70제자 중에서 공자가 가장 아꼈던 안연(顔淵)은 항상 가난에 쪼들려 쌀겨조차 배불리 먹지 못하다가 결국 젊은 나이에 죽고 말았다. 이런데도 하늘이 선인의 편이었다고 할 수 있는가. 한편 도척은 무고한 백성을 죽이고 온갖 잔인한 짓을 저질렀건만, 풍족하게 살면서 장수하고 편안하게 죽었다. 그가 무슨 덕을 쌓았기에 이런 복을 누린 것인가」

이능을 변호하는 사마천

이렇게 역사 속에서 억울하게 죽어간 사람들의 이야기를 하고 나서 사마천은 그 처절한 마지막 질문을 던진다.

「과연 천도(天道)는 시(是)인가, 비(非)인가?」

과연 인과응보(因果應報)란 있는 것인가? 사마천이 궁형을 당한 덕택에 결국 《사기》라는 대저술을 남기게 됨으로써 역사에 이름을 남기게 되었으니, 그것이 하늘이 그에게 보답을 한 것이라고 말할 수 있을까?

❺ 坐不垂堂 (좌불수당) 坐不垂堂 앉을 **坐** 아니 **不** 드리울 **垂** 집 **堂**

마루 끝에 앉아 있는 것은 위험하니 앉지 않는다는 뜻으로, 위험한 일에 가까이하지 않음을 이르는 말.

《사기》 원앙조조열전에 있는 이야기다.

강후 주발

원앙(袁盎)은 초(楚)나라 사람으로 자(字)를 사(絲)라고 했다. 아버지는 본래 군도(群盜)의 한 사람이었다가 후에 안릉(安陵 : 섬서 함양의 동쪽)으로 옮겨와서 살았다. 원앙은 일찍이 고후(高后) 때에 여록(呂祿)의 사인으로 있은 일이 있으며, 문제가 즉위하자 형인 쾌(噲)의 추천으로 낭중이 되었다. 그 무렵 강후(絳侯 : 주발)는 승상이 되자 조정에서 퇴청할 때도 늠름하게 걸어, 주상도 승상을 융숭하게 예우했고 언제나 존경하는 눈으로 배웅하곤 했다. 원앙은 그것을 보자, 나아가서 황제에게 말했다.

「폐하는 승상을 어떤 인물이라고 생각하십니까?」

황제가 말했다.

「사직의 중신이오.」

그러자 원앙이 말했다.

「강후는 이른바 공신(功臣)이기는 하지만, 사직의 신하(社稷之臣)는 아니옵니다. 사직의 신하란 군주가 재세하면 함께 살다가 군주가 멸하면 함께 멸하는 법입니다. 여태후가 득세했을 때에는 여씨 일족이 정권을 멋대로 휘두르고 마음 내키는 대로 서로 왕이 되었으며, 황실인 유씨(劉氏)는 쇠미(衰微)하여 명맥마저 위태로웠건만 이를 바로잡지 못했습니다. 당시 강후는 태위(최고의 군관)로서 병권을 쥐고 있으면서 이를 손쓰지 않았습니다. 그러다가 여태후가 죽고 대신들이 공동으로 여씨 일족에게 배반했을 때, 때마침 병권을 쥐고 있었던 까닭에 우연하게 성공을 했을 뿐입니다. 그러므로 이른바 공신이기는 하지만 사직의 신하는 아닙니다. 그런데도 승상은 폐하에 대해서도 교만한 티가 보이고, 폐하는 오히려 겸손해 하시는데, 이는 군신(君臣)의 예를 잃게 되는 일로서 은밀히 폐하를 위해 찬성을 할 수 없는 일입니다」

원앙 각좌도(却坐圖)

어느 날, 문제가 외출을 했는데 조동이 배승했다. 원앙은 수레 앞에 엎드려서 말했다.

「『천자의 수레 지름 6척의 자리에 배승하는 자는 천하의 영웅호걸에 한한다』는 말을 들은 바 있습니다. 지금 한나라에 아무리 인물이 없다 하더라도 폐하께서는 어찌하여 조동을 배승시키셨습니까?」

그러자 천자는 웃으면서 조동을 보고 내리라고 말했고, 조동은 눈물을 흘리며 내렸다. 또 문제가 패릉(霸陵 : 장안의 동쪽) 위에서 서쪽으로 가파른 고갯길을 달려서 내려가려고 했다. 원앙은 자기의 말을 천자의 수레와 나란히 세우고 황제의 수레를 끄는 말고삐를 당겼다. 황제가 말했다.

「장군은 무섭소?」

그러자 원앙이 대답했다.

「저는 『천금을 가진 부잣집 아들은 마루 끝에 앉지 않고(坐不垂堂), 백금을 가진 부잣집 아들은 난간에 기대서지 않으며, 성명(聖明)한 군주는 위험을 무릅쓰며 요행을 바라지 않는다』는 말을 들었습니다. 지금 폐하께서는 6두마차로 가파른 언덕길을 달려 내려가시려고 하는데, 만약 말이 놀래 수레가 부서지는 일이 생기면 폐하께서 몸을 가벼이 하신 것은 물론 종묘(宗廟)와 황태후는 무슨 낯으로 대하시겠습니까?」

황제는 달릴 생각을 그만두었다. 원앙의 사람됨은 이러했으므로 모든 사람들로부터 추앙을 받았다.

❻ 垂拱平章(수공평장) 垂拱平章 드리울 **垂** 팔짱낄 **拱** 평평할 **平** 밝을 **章**

옷자락을 늘어뜨리고 팔짱만 끼고 있어도 밝게 다스려진다.

《천자문》에 있는 말이다.

「조정에 앉아서 도(道)를 묻고, 옷자락을 늘어뜨리고 팔짱만 끼고도 밝게 다스려진다(坐朝問道 垂拱平章)」

노자의 정치철학이라고 할 수 있다. 노자는 「다스리려고 하지 않아도 다스려지는 정치(無爲政治)」를 가장 이상적인 정치로 보았다. 즉, 임금이 조정에 앉아서 정치의 도(道)를 묻고 듣기만 할 뿐 스스로 도(道)를 세우지 않아도 신하와 백성들이 잘 다스려지는 정치를 가장 이상적으로

본 것이다.

대체로 덕이 있는 임금은 백성 다스리는 길을 조정의 어진 신하들에게 물어 가며 신중히 일을 처리한다. 그리하면 신하들 또한 올바르게 일을 처리하고 일을 부지런히 하게 된다. 통치자가 아랫사람들에게 도와 이치에 대해 물으며 다스리면 옷을 늘어뜨린 채 팔짱을 끼고 있어도 나라는 잘 다스려지는 것이다.

노자 소상(塑像)

❼ 平地風波(평지풍파) 平地风波 평평할 **平** 땅 **地** 바람 **風** 물결 **波**

뜻밖에 분쟁을 일으켜 일을 난처하게 만듦.

까닭 없이 일을 시끄럽게 만드는 것을 일러 흔히 「평지풍파」라고 한다. 그대로 두면 아무렇지도 않을 것을 일부러 일을 꾸며 더욱 소란을 피운다는 뜻이다.

당나라 시인 유우석(劉禹錫, 772~843)의 「죽지사(竹枝詞)」 아홉 수 가운데 다음과 같은 시 한 수가 있다.

구당의 시끄러운 열두 여울
사람들은 말한다, 길이 예부터 어렵다고.
못내 안타까워하노라, 인심이 물만도 못하여

함부로 평지에 풍파를 일으키는 것을.

瞿塘嘈嘈十二灘 人言道路古來難 구당조조십이탄 인언도로고래난
長恨人心不如水 等閑平地起風波 장한인심불여수 등한평지기풍파

죽지사 시의도(詩意圖)

「죽지사」는 당시의 민요를 바탕으로 지은 것인데, 작자가 기주(夔州) 자사로 부임해 갔을 때 그 곳 민요를 듣고 그 곡에 맞추어 지은 것이라 한다. 「구당」은 산이 험하기로 유명한 삼협(三峽)의 하나로 배가 다니기 아주 힘든 곳이다.

《악부시집(樂府詩集)》의 설명에 의하면, 그가 이곳에 머무르고 있는 동안 「죽지사」의 가사 내용이 너무 저속하기 때문에 이것으로 대신하기 위해 지은 것이라고 한다. 아마 양자강 상류를 오르내리는 뱃사람들의 뱃노래에 「죽지사」란 것이 있었던 모양이다.

시의 뜻은, 구당에는 열둘이나 되는 여울이 있어서 옛날부터 이 길을 지나다니기가 어렵다고 전해 오고 있다. 그거야 산이 가파르고 길이 험하니 자연 여울이 질 수밖에 없는 일이다.

물은 바닥이 가파른 곳에서나 여울을 짓지만 사람은 아무렇지도 않은 평지에서도 아무 생각도 없이 함부로 풍파를 일으킨다. 그것이 한심스러울 뿐이라는 것이다.

마지막 글귀인 「등한평지기풍파(等閑平地起風波)」란 말이 바로 우리

가 현재 쓰고 있는 그대로의 뜻을 지닌 말이다. 등한(等閑)은 생각이 모자란다는 뜻이다. 평지풍파를 일으키게 되는 가장 큰 원인은 역시 생각이 부족한 것이 될 것이다.

장강 삼협의 아름다운 광경

❽ 斷章取義 (단장취의)

断章取义 끊을 **斷** 문장 **章** 취할 **取** 뜻 **義**

문장에서 필요한 부분만을 인용하거나 자기 본위로 해석하여 쓰는 것.

춘추시대 경대부(卿大夫)들은 회의나 연회석상 같은 교제 장소에서 자기의 의사를 표시하거나 태도를 암시하기 위해서 《시경》 중의 시구를 따다가 읊곤 하였다.

그때 인용되는 시 구절은 완전한 한 편의 작품은 아니고 시 중 일부분이었기 때문에 단장(斷章)이라 하였다. 그리고 그들이 선택한 구절은 모두 다 자신의 심정을 나타내기 위한 것이었기 때문에 이를 가리켜 「단장취의」라고 하게 된 것이다.

《좌전》 양공 10년에 다음과 같은 이야기가 있다.

어느 날 진(晋)나라 · 노(魯)나라 등 10여 개 국가의 군대가 연합하여 진(秦)나라를 공격한 적이 있었다. 연합군이 경수(涇水)에 이르렀을 때 강을 건널 것인가 말 것인가를 두고 논의가 벌어졌다.

이때 진(晋)나라의 대부 숙향(叔向)이 노나라 경대부 숙손표(叔孫豹)를

포유고엽(匏有苦葉)

찾아가서 그의 뜻을 물었더니 숙손표는 즉시 포유고엽(匏有苦葉)이라고 대답하였다. 이에 숙향은 그가 도강하는 쪽을 지지하는 줄 알아차리고 돌아와서 강을 건널 배를 준비했다고 한다.

여기에서 「포유고엽」이라는 것은 《시경》 패풍에 나오는 일종의 연애시다. 작품의 내용은 한 여인이 물가에서 사랑하는 사람을 기다리는 정경을 묘사한 것이다.

이 시는 모두 4장으로 구성되어 있고 매 장은 4구절로 되어 있다. 첫 장의 4구는 다음과 같다.

박에는 마른 잎이 달려 있고
제수에는 깊은 나루가 있네.
깊으면 옷 입은 채 건너고
얕으면 옷을 걷고 건너야지.

匏有苦葉 濟有深涉　　포유고엽 제유심섭
深則厲 淺則揭　　심즉려　천즉게

뜻은 바로 물이 깊든 얕든 반드시 강을 건너오라는 것이었다. 숙손표는 바로 첫 장의 첫 구절을 인용함으로써 반드시 강을 건너야 한다는 자신의 입장을 은연중에 표시한 것이다.

이상에서 보는 바와 같이 「단장취의」는 처음에는 완전히 좋은 뜻으로 씌어졌다. 그러나 나중에는 그 뜻이 변해서 한두 구절 따내다가 자의적으로 사용하는 것을 가리키게도 되었다.

15. 愛育黎首 臣伏戎羌 爱育黎首 臣伏戎羌

애육여수 신복융강

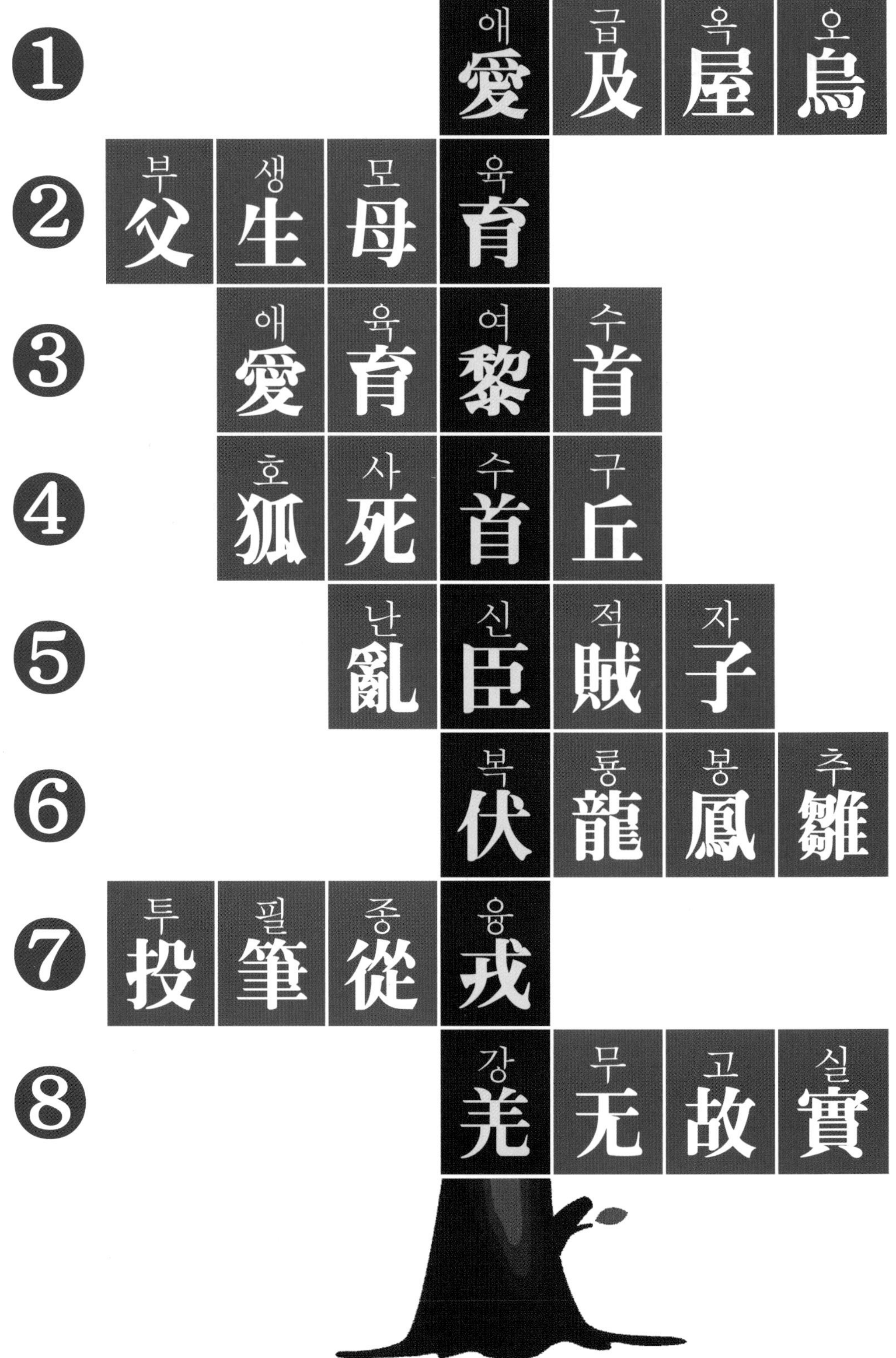

풀 이

❶ 愛及屋烏 (애급옥오) 爱及屋乌 사랑할 **愛** 미칠 **及** 집 **屋** 까마귀 **烏**

사랑이 지붕 위의 까마귀에까지 미친다는 뜻으로, 사람을 사랑하면 그 집 지붕 위에 앉은 까마귀까지도 사랑스럽다는 말.

《설원》 귀덕편에 있는 이야기다.

상(商)나라의 마지막 군주 주왕(紂王)은 사치스럽고 욕심이 많으며, 포학무도한 군주였다. 당시 서부 제후들의 우두머리였던 서백후(西伯侯) 희창(姬昌)은 주(周) 문왕(文王)에 즉위하기 전에 걸왕(桀王)에 대하여 정면으로 반대하였다는 이유로 옥에 갇혀 갖은 고초를 겪고 풀려났다.

희창은 자신의 지역인 기산(岐山)으로 돌아와 상나라를 멸하겠다고 결심하였지만, 얼마 있지 않아 세상을 떠났다.

희창이 죽자, 그의 아들 희발(姬發)이 왕위를 계승하니, 그가 곧 주나라 무왕(武王)이었다. 희발은 부친의 유지를 받들어, 강상(姜尙, 강태공)을 군사로 임명하고, 다른 두 동생들의 도움으로 흩어진 제후들을 다시 규합하여 걸왕 정벌을 정식으로 선포하였다.

무왕은 대군을 이끌고 맹진(盟津)에서 황하를 건너 동북쪽으로 진군하여, 곧장 상나라의 도읍인 조가(朝歌)를 압박해 들어갔다.

상왕은 이미 인심을 잃은 터라 군인들도 그를 위해 목숨을 바치기를 원하지 않았으므로 모두 도망하거나 투항하였으며, 일부는 조정에 반기를 들고 일어났다. 상왕조의 멸망이 눈앞에 다가왔다.

주 무왕은 상을 멸한 후 강태공에게 상나라의 권신 귀족들을 어떻게 처리할 것인가에 대해 물었다.

강태공 조어도(釣魚圖)

강태공은 말했다.

「신이 듣기로는, 사람을 사랑한다면 그의 집 지붕 위에 있는 까마귀까지도 사랑하며(臣聞愛其人者 兼愛及屋上之烏), 사람을 미워하면 그의 집 종들까지도 미워한다고 합니다. 적대적인 사람들은 모조리 제거하였으면 하는데, 왕의 생각은 어떠하신지요?」

주 무왕은 강태공의 말에 깨달은 바가 있어, 상나라의 백성들에 대하여 그들을 위로하는 정책을 펼쳤다.

《상서대전》에는 이 말이 주공의 말이라고 되어 있는데, 누구의 말인지는 분명하지 않다.

이렇게 해서 「애옥급오」라는 성구가 나오게 되었는데, 당(唐)나라 때의 대시인 두보(杜甫, 712~770)도 그의 시에서 이 이야기를 다룬 적이 있다. 까마귀는 본래 사람들이 싫어하는 흉조지만 어떤 사람을 사랑하게 되면 그 집 지붕 위에 앉아 있는 까마귀조차도 사랑스럽게 보인다는 것이다.

「아내가 고우면 처갓집 말뚝에 절한다」는 우리 속담과 비슷하다. 「옥오지애(屋烏之愛)」라고도 한다.

❷ 父生母育(부생모육) 父生母育 아비 **父** 날 **生** 어미 **母** 기를 **育**

아버지는 낳게 하고, 어머니는 낳아 기른다는 뜻으로, 부모(父母)가 자식(子息)을 낳아 길러 주심.

❸ 愛育黎首(애육여수) 爱育黎首 사랑 **愛** 기를 **育** 검을 **黎** 머리 **首**

백성을 친자식처럼 아껴 기른다. 《천자문》에 있는 말이다.

「백성들을 아껴 기르면, 사방의 오랑캐들이 신하가 되어 복종한다(愛育黎首 臣伏戎羌)」

여수(黎首)는 검은 머리라는 뜻으로, 논과 밭에서 일하느라 살갗이 그을려 까맣게 된 백성들을 이르는 말이다. 융강(戎羌)은 고대 중국의 서북쪽에 살았던 유목민족인 융족(戎族)과 강족(羌族)을 말하는데, 여기에서는 중국 주변의 모든 오랑캐를 상징하는 말이다. 황하를 중심으로 발전한 한족(漢族)의 역사는 예로부터 문화나 부족이 자신들과 조금만 달라도 오랑캐로 취급해 왔다.

백성을 아껴 기르니 그 덕화는 온 누리에 미쳐 이민족까지 신하로서 복종한다. 명군(明君)이 천하를 다스릴 때에는 백성들을 사랑하고 기르기 때문에 덕화(德化)가 널리 미쳐 국경 밖의 오랑캐들까지도 신하로서 스스로 복종하게 된다는 말이다. 덕화가 미치면 이민족이 무더기로 이사를 와서 살기도 한 역사가 있다. 위의 글은 중국의 동화(同和)정책을 널리 알리는 내용이다.

❹ 狐死首丘(호사수구) 狐死首丘 여우 狐 죽을 死 머리 首 언덕 丘

여우가 죽을 때에 머리를 자기가 살던 굴 쪽으로 바르게 하고 죽는다는 말로, 고향을 그리워하는 마음을 비유하여 이르는 말.

《예기》 단궁편(檀弓篇)에 나오는 이야기다.

강태공

은(殷)나라 말기 강태공(이름은 呂尙)이 위수(渭水) 가에 사냥 나왔던 창(昌)을 만나 함께 주왕(紂王)을 몰아내고 주(周)나라를 세웠다. 그 공로로 영구(營丘)라는 곳에 봉해졌다가 그곳에서 죽었다.

하지만 그를 포함하여 5대손에 이르기까지 다 주나라 천자의 땅에 장사 지내졌다. 이를 두고 당시 사람들은 이렇게 말했다.

「음악은 자연적으로 발생하는 것을 즐기며, 예란 그 근본을 잊어서는 안 된다. 옛사람이 말하기를, 여우가 죽을 때 머리를 자기가 살던 굴 쪽으로 향하는 것은 인이라고 하였다(古之人有言曰 狐死正丘首 仁也)」

이 말에서 유래하여 고향을 그리워하는 마음, 또는 근본을 잊지 않는 마음을 일컬어 「호사수구」라고 한다. 「수구초심(首丘初心)」과 같은 말이다.

⑤ 亂臣賊子(난신적자) 亂臣贼子 어지러울 亂 신하 臣 해칠 賊 아들 子

나라를 어지럽히는 신하와 어버이를 해치는 자식을 일컫는 말.

세상을 살아가는 데 전혀 도움이 되지 않는 천하에 몹쓸 사람이나 역적의 무리를 가리키는 말이다.

《맹자(孟子)》 등문공편에 있는 말이다.

맹 자

맹자의 제자 공도자(公都子)가 맹자에게 물었다.

「사람들이 이르기를, 선생님께서는 논쟁을 좋아하신다고 하는데, 그 까닭을 알고 싶습니다」

맹자가 대답했다.

「나는 논쟁을 좋아하는 것이 아니라, 천하의 도가 땅에 떨어졌기 때문에 어쩔 수 없이 하는 것일 뿐이다」

그리고 맹자는 이어서 선대(先代)의 우(禹)임금과 주공(周公), 공자(孔子) 등 세 성인을 계승하는 것이 자신의 뜻임을 밝히고 다음과 같이 말했다.

「옛날에 우(禹)임금이 홍수를 막으니 천하가 태평해졌고, 주공(周公)이 오랑캐를 아우르고 맹수를 몰아내니 백성들이 편안해졌고, 공자께서 《춘추(春秋)》를 완성하니 나라를 어지럽히는 신하와 어버이를 해치는 자식들이 두려워하게 되었다(昔者禹抑洪水而天下平 周公兼夷狄驅猛獸而百姓寧 孔子成春秋而亂臣賊子懼)」

우임금

「난신적자」는 바로 「공자성춘추이난신적자구(孔子成春秋而亂臣賊子懼)」에서 나온 말이다.

공자가 살았던 춘추시대(春秋時代)는, 도의가 땅에 떨어지고 세상이 쇠해 온갖 사설(邪說)이 난무하고 ,신하가 임금을 죽이며, 자식이 어버이를 해치는 일이 생겨났다. 공자가 이를 바로잡기 위해 천자(天子)의 일을 다룬 《춘추》를 완성함으로써 비로소 난신적자들이 두려워하게 되었다고 맹자는 말한 것이다.

이렇듯 나라를 어지럽히는 신하와 어버이를 해치는 자식을 가리켜 「난신적자」라 이른다.

❻ 伏龍鳳雛 (복룡봉추)

伏龙凤雏 엎드릴 **伏** 용 **龍** 봉황새 **鳳** 병아리 **雛**

엎드려 있는 용과 봉황의 새끼라는 뜻으로, 초야에 숨어 있는 인재를 이르는 말.

《촉지(蜀志)》 제갈량전에 있는 이야기다.

제갈량(諸葛亮)은 어려서 부모를 여의고 난세 속에 숙부를 따라 형주(荊州)의 양양(襄陽)으로 피난 왔는데 숙부가 죽자 양양의 서쪽에 있는 융중(隆中)에서 정착하였다. 그는 난세를 피해 이곳에서 은거하면서 독서로 세월을 보냈다.

이때 유비(劉備)는 황건적(黃巾賊)의 난 속에서 전공을 세우지 못한 채 형주에 와서 유표(劉表)에게 의지하고 있었다. 유비는 비로소 이때부터 인재를 찾으러 나섰다.

어느 날 유비는 양양에 있는 사마휘(司馬徽)에게 세상 돌아가는 일에 대해 넌지시 물었다. 그러자 사마휘는 이렇게 대답했다.

「오로지 글만 읽는 저야 아무것도 모릅니다. 그런 일이야 이곳에 계신 복룡(伏龍)과 봉추(鳳雛) 선생께서 잘 아시겠지요」

이 글에서 「복룡봉추」가 유래하였고, 증선지(曾先之)가 편찬한 《십팔사략(十八史略)》에도 같은 말이 나온다.

삼고초려도(明 화가 대진)

복룡은 초야에 은거하고 있는 제갈량이고, 봉추는 방통(龐統)을 가리킨다. 비록 제갈량과 방통이 초야에 묻혀 살고 있지만 그들의 재주는 비상하였다. 제갈량을 가리켜 와룡선생(臥龍先生)이라고도 한다.

유비는 삼고초려로 제갈량(諸葛亮)을 맞아들여 그의 계략으로 형주에서 기반을 구축하던 중, 조조 휘하의 하후돈과 우금이 유표를 공격해오자 이를 물리친다. 208년 유표가 죽고 그의 아들 유종(劉琮)이 조조에게 항복하자, 조조는 대군을 거느리고 형주를 공격해왔다.

방통의 묘

마침내 제갈량은 유비를 도와 오(吳)나라의 손권(孫權)과 연합하여 남하하는 조조(曹操)의 대군을 적벽(赤壁)의 싸움에서 대파하고, 형주와 익주를 점령하였다. 221년 한나라의 멸망을 계기로 유비가 제위에 오르자 승상이 되었다.

❼ 投筆從戎(투필종융) 投笔从戎 던질 **投** 붓 **筆** 좇을 **從** 병장기 **戎**

문인(文人)이 글을 포기하고 종군(從軍)함.

반 고

《후한서》 반초전에 있는 이야기다.

「붓을 던지고 병장기를 따른다」라는 뜻으로, 문인(文人)이 글을 포기하고 종군(從軍)하는 것을 비유하는 말이다.

동한 초년에 안릉(安陵)지방에 한 서생(書生)이 있었는데 뒤에 유명한 역사의 인물이 되었다. 그가 바로 서역(西域)에서 큰 공을 세워 정원후(定遠侯)로 책봉을 받은 반초(班超)다.

반초는 《한서(漢書)》의 저자 반고(班固)의 동생으로 어려서부터 헤아릴 수 없이 많은 책을 읽어 큰 뜻을 간직하게 되었다. 평소에는 가사에 부지런히 종사하면서도 고달프다고 원망 한 마디 없이 지냈고 구변이 유창하여 웅변에 능했고 남을 설득시키는 신력이 있었다.

후한의 명장 서역도호 반초

한명제(漢明帝) 영평(永平) 5년에 반고가 명을 받들어 도성 낙양에 내려가 교서랑(校書郎)이란 직책을 맡아보게 되어 그도 어머니를 모시고 형을 따라 같이 임지로 내려갔다.

자고이래로 문인의 생활이란 대부분이 청빈한 것으로 반초의 가정도 예외는 아니었다. 반고가 박봉이라 일상생활이 두드러지게 곤란하였다. 그러므로 반초가 관청에서 글 베껴 쓰는 일을 맡아 날마다 고생을 하며 형을 도와 겨우겨우 생계를 유지해 나갔다.

서적을 베껴 쓴다는 일은 어려울 뿐만 아니라, 기계적이고 무미건조했다. 끊임없이 책상머리에 엎드려 있어야 하니 반초로서는 지겹고 견디기 힘들었다. 그는 본래 원대한 포부를 간직하고 자기의 이상이 있었음인지라, 귀중한 세월을 아무 뜻 없이 책 베껴 쓰는 일에 헛되이 보내기를 원치 않았던 것이다.

어느 날, 반초는 더 이상 견딜 수가 없어 붓을 내던지고는 깊은 한숨을

반초출사서역 조상(彫像)

내쉬면서 말했다.

「대장부가 비록 별 뜻을 지니지 않았더라도 부개자(傅介子)나 장건(張騫)같이 이역(異域)에서 공을 세워 장차 봉후(封侯)의 지위를 얻어야지, 어찌 오랜 세월을 책상머리에만 앉아 필묵 사이에 파묻혀 있어야 하는가?」

이로부터 반초는 문필을 버리고 무예에 종사했다.

명제 때 명을 받고 서역(西域)으로 출사(出使)하여 서역에서 31년간 지내면서 온갖 고초와 괴로움을 극복하고 그의 최대의 지혜와 용감함을 발휘하여 서역의 50여 나라로 하여금 모두 한나라에 예속시켜 납공(納貢)토록 했다. 그 뒤 조정에서는 그의 공훈을 보답하여 정원후(定遠侯)로 봉했다.

❽ 羌无故實 (강 무 고 실)

羌无故实 군셀 **羌** 없을 **无** 옛 **故** 열매 **實**

출처가 없음을 이르는 말.

16. 遐邇壹體(하이일체) 率賓歸王(솔빈귀왕) 遐迩壹体 率宾归王

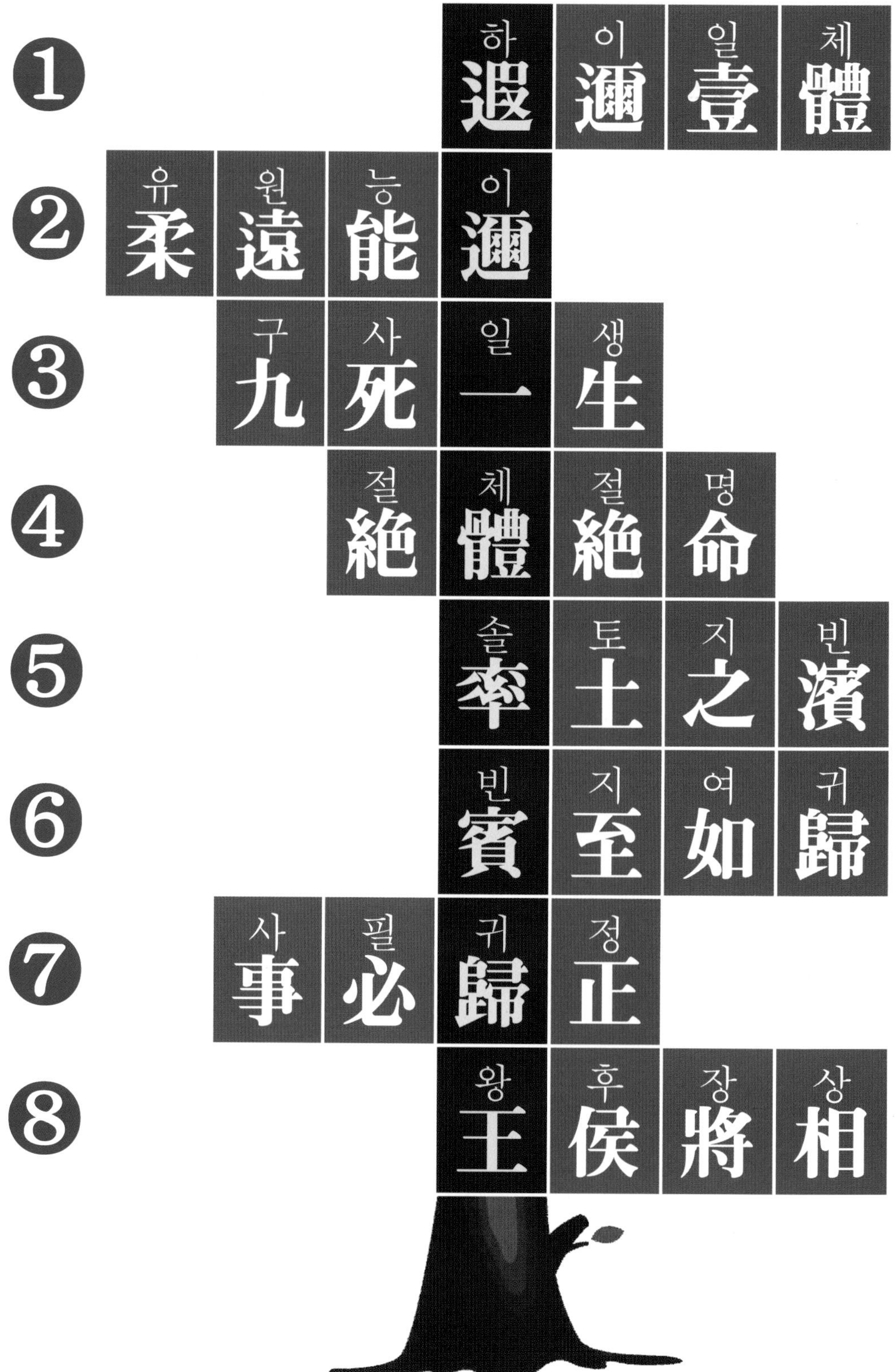

풀이

❶ 遐邇壹體(하이일체) 遐迩壹体 멀 **遐** 가까울 **邇** 하나 **壹** 몸 **體**

먼 곳과 가까운 곳이 하나가 된다. 《천자문》에 있는 말이다.

「먼 곳과 가까운 곳이 하나가 되어, 거느리고 와서 복종하여 천자를 받든다(遐邇壹體 率賓歸王)」

천하와 만백성은 천자(天子)의 소유이며, 각지의 제후들과 백성들은 천자에게 복종해야 함을 밝힌 구절이다.

제후국들은 매년 반드시 천자에게 조공(朝貢)을 하고 알현(謁見)을 해야 했다. 만약 이를 지키지 않을 경우, 천자에 대한 반역행위로 간주되어 징벌(懲罰)에 처해진다. 주나라의 천자는 조공과 알현을 통해 각지 제후들의 충성을 확인하고, 또 그들의 반역행위나 독립의지를 미리 꺾어 놓았다.

❷ 柔遠能邇(유원능이) 柔远能迩 부드러울 **柔** 멀 **遠** 능할 **能** 가까이할 **邇**

먼 데 있는 사람을 어루만지고 잘 달래어 가까이 있는 사람과 친근해지게 함. 《서경(書經)》

❸ 九死一生(구사일생) 九死一生 아홉 **九** 죽을 **死** 한 **一**(壹) 날 **生**

여러 차례 죽을 고비를 가까스로 넘기고 살아남.

전국시대 초(楚)나라의 시인이자 정치가인 굴원은 학식과 재주가 뛰어

굴원(日 화가 요코하마 다이칸)

났으나, 그만큼 주위의 모략 또한 만만치 않았다.

《사기》 굴원가생열전에 있는 이야기다.

굴원은 임금이 신하의 말을 가려 분간하지 못하고, 참언과 아첨하는 말이 임금의 지혜를 가리고, 간사하고 왜곡된 언사가 임금의 공명정대함에 상처를 내서 행실이 방정한 선비들이 용납되지 못하는 것을 미워하였다. 그래서 그 근심스런 마음을 담아 「이소(離騷)」 한 편을 지었다.

이렇게 지어진 「이소」에 있는 구절이다.

「긴 한숨을 쉬며 눈물을 감추이여, 백성들 힘든 삶이 서럽기 때문이지. 내 비록 고결하고 조심하려 했지만, 아침에 바른 말 하여 저녁에 쫓겨났네. 혜초(蕙草)를 둘렀다고 나를 버리셨는가. 나는 구리 띠까지 두르고 있었네. 그래도 내게는 아름다운 것이기에, 비록 아홉 번 죽어도 후회하지 않으리라(雖九死其猶未悔)」

여기서 「구사(九死)」에 대해서 유양(劉良)은 이런 해설을 달고 있다.

「아홉은 수의 끝이다. 충성과 신의와 정숙과 고결함이 내 마음이 착하고자 하는 바이니, 이런 재앙을 만남으로써 아홉 번 죽어 한 번도 살아남지 못한다 해도 아직 후회하고 원한을 품기에 족한 것은 아니다」

「구사일생」은 「아홉 번 죽어 한 번도 살아남지 못한다」는 말에서 유래된 말로서, 지금은 유양의 해설과는 달리 「죽을 고비를 여러 차례 넘기고 간신히 살아난다」는 뜻으로 쓰이고 있다.

❹ 絶體絶命(절체절명) 絶体絶命 끊을 絶 몸 體 목숨 命

궁지(窮地)에 몰려 살아날 길이 없게 된 막다른 처지(處地).

❺ 率土之濱(솔토지빈) 率土之浜 거느릴 率 흙 土 갈 之 물가 濱

「보천지하솔토지빈(普天之下率土之濱)」에서 나온 말이다.

하늘이 두루 덮고 있는 밑과, 육지가 연속해 있는 끄트머리. 천하를 나타내는 말. 온 나라. 온 천하. 하해(河海)와 접한 육지의 모두.

이 말은 《시경(詩經)》 소아(小雅)에서 유래된 말인 듯하다.

「널리 하늘아래 있는 땅 가운데 왕의 땅 아닌 것이 없고, 모든 땅 바닷가까지 왕의 신하 아닌 이가 없다(溥天之下莫非王土 率土之濱莫非王臣)」

❻ 賓至如歸(빈지여귀) 宾至如归 손 賓 이를 至 같을 如 돌아갈 歸

「손님으로 온 것이 제 집에 돌아온 것과 같다」는 뜻으로, 손님이 자기 집에 돌아온 것처럼 조금의 불편도 없이 편안하게 대접받는다는 말이다.

《춘추좌씨전》 양공 31년에 있는 이야기다.

자산(淸 화가 금농회)

춘추시대 때 선정을 베푼 진(晉)나라 문공(文公)이 죽고 평공(平公)이 왕위에 올랐다. 그러자 정(鄭)나라 재상 자산(子産)은 간공(簡公)의 명령으로 진나라를 방문하였다. 그때 마침 노(魯)나라 양공(襄公)이 죽음으로써 진(晉)나라 평공은 노나라의 국상(國喪)을 슬퍼하여 자산을 만나려고 하지 않았다.

자산은 수행원들에게 진나라 여관(旅館)의 담을 허물어뜨리고 마차를 몰고 들어갔다. 이 소식을 들은 진나라 대부 사문백(士文伯)이 여관으로 찾아와 자산에게 항의해 말했다.

「우리 진나라는 도둑을 막고, 제후국에서 온 빈객(賓客)들의 안전을 위해 여관을 지어 담을 쌓았는데 허물어버리면 외국 사신들을 어찌 안전하게 모시겠습니까? 진나라는 제후의 맹주국으로 여러 제후국에서 귀한 손님들이 많이 찾아옵니다」

그러자 자산이 말했다.

「진나라의 돌아가신 문공께서는 빈객들을 무례히 맞이하지 않고, 방문한 제후들을 위해 큰 영빈관을 지었으며 제후들의 걱정거리를 들어주고 즐거움을 나누었습니다. 그래서 진나라에 오면 손님접대를 잘해주어 빈객들은 마치 자기 집에 돌아온 것 같아서 근심이 없었습니다(賓至如歸無寧災患). 지금 영빈관은 하인들의 집과 같습니다」

사문백이 자산의 말을 평공에게 전하자, 평공은 자산에게 잘못을 사과하고 영빈관도 고쳐지었다. 이 같은 고사에서 「빈지여귀」는 손님이 오면 제 집에 온 것처럼 느끼도록 마음 편하게 잘 접대하는 것을 비유하는 성어가 되었다.

❼ 事必歸正 (사필귀정) 事必归正 일 **事** 반드시 **必** 돌아갈 **歸** 바를 **正**

무슨 일이든 결국 옳은 이치대로 돌아간다는 말.

올바르지 못한 것이 얼핏 기승을 부리는 것 ,결국 오래가지 못하고, 마침내 올바른 것이 이기게 되어 있음을 가리키는 말이다. 「사(事)」는 「이 세상의 모든 일」을 뜻하고, 「정(正)」은 「이 세상의 올바른 법칙」을 뜻한다. 처음에는 옳고 그름을 가리지 못하여 올바르지 못한 일이 일시적으로 통용되거나 득세할 수는 있지만, 오래가지 못하고 모든 일은 결국에는 반드시 바른 길로 돌아가게 되어 있음을 비유하는 말이다. 비슷한 의미어로, 「인과응보(因果應報)」「종과득과(種瓜得瓜)」등이 있다.

❽ 王侯將相 (왕후장상) 王侯将相 임금 **王** 제후 **侯** 장수 **將** 재상 **相**

「왕이나 제후, 장수나 재상이 어찌 씨가 따로 있을 것인가(王侯將相寧有種乎)」하는 뜻이다. 결국 부귀영화는 실력만 있으면 누구나 차지할 수 있다는 이야기다. 《사기》진섭세가(陳涉世家)에 있는 이야기다.

진(秦)나라는 수백 년이나 지속되었던 전국시대에 종지부를 찍고 기원

진승 오광의 농민봉기 부조(浮彫)

전 221년에 천하를 통일하였다. 그러나 폭정으로 민심을 잃어 통일 15년 만에 망하게 되는데, 진 멸망의 첫 봉화를 올린 이가 양성(陽城)에서 남의 집 고용살이를 하는 진승(陳勝)이라는 자였다. 그가 밭에서 일하는 도중에 잠시 지친 몸을 이끌고 쉬는 틈에 자기도 모르는 사이에 탄식이 새어 나왔다.

「이놈의 세상, 뒤집어 놓아야지. 원, 이래가지고는 어디 살 수가 있나!」

그러자 주위의 머슴들이 일제히 비웃으며 말했다.

「흥, 머슴 주제에 무엇을 하겠다고?」

그러자 진승이 탄식하듯이 말했다.

「제비나 참새가 어찌 기러기와 고니의 뜻을 알리오(燕雀安知 鴻鵠之志哉)!」

진시황이 죽고 2세가 천자가 된 것을 알자, 도처에서 반란이 요원의 불길(燎原之火)처럼 번져 가고 있었는데, 그 불을 처음 지른 것이 진승이었다. 2세가 등극을 한 첫 해, 진승은 오광(吳廣)과 함께 징발을 당해 모두 9백 명의 장정이 수비병으로 북쪽으로 끌려가게 되었다. 그러나 마침 장마철을 만나 길이 끊기는 바람에 기한 내에 지정된 장소까지 갈 수 없게 되었다. 날짜를 어기면 진나라 법에는 무조건 사형을 당하게 되어 있다.

진승은 오광과 상의하여 반란을 일으키기로 하고 먼저 인솔 책임자인 두 장교를 죽였다. 그리고 9백 명의 장정들을 한자리로 모은 다음 진승은 한바탕 열변을 토했다.

「여러분은 나와 함께 비를 만나 날짜에 대어 갈 수 없게 되었다. 시기를 놓치면 죽는 것은 누구나가 아는 사실이다 설혹 사형을 면한다 해도 변방을 수비하는 사람들은 열이면 일곱은 죽기 마련이다. 또 장부가 죽지 않으면 모르되, 이왕 죽을 바엔 대의명분을 위해 죽어야 할 것이 아닌가. 여러분! 왕후와 장상이 어떻게 씨가 따로 있을 수 있겠는가?(王侯將相 寧有種乎)」

그러자 사람들은 일제히 「옳소, 옳소!」 하는 소리를 외치며 시키는 대로 할 것을 맹세했다. 이리하여 진승의 목숨을 건 모험은 성공을 보게 되었다. 가는 곳마다 성과 도시를 쳐서 이를 손아귀에 넣고, 군사를 점점 불려 진(陳)에 도달했을 때는 수레가 6, 7백 대나 되었고, 말이 천 필에 보병이 수만을 헤아리게 되었다.

진 승

진을 함락시킨 진승은 여기에 근거를 정하고 그 자신 왕위에 올라 나라 이름을 장초(張楚)라 불렀다. 마침내 그의 말대로 씨가 따로 없이 왕이 되어 부귀를 얻게 된 것이다.

진승이 성공했다는 소문이 전해지는 순간, 각지의 호걸들은 진나라 관리들을 죽이고 군사를 일으켜 진승에 호응했다. 그러나 복잡한 정세 속에 남을 의심한 진승은 사람을 올바로 쓰지 못하고 결국 남의 손에 죽고 만다. 그러나 그가 던진 씨는 마침내 진나라를 멸망시키는 결과로 나타났다.

17. 鳴鳳在樹 白駒食場 鸣凤在树 白驹食场

명봉재수 백구식장

풀 이

❶ 孤掌難鳴(고장난명) 孤掌难鸣 외로울 **孤** 손바닥 **掌** 어려울 **難** 울 **鳴**

외손뼉만으로는 소리가 울리지 아니한다는 뜻으로, 혼자의 힘만으로 어떤 일을 이루지 못함. 또 맞서는 사람이 없으면 싸움이 일어나지 아니함을 이르는 말.

한비 경학당

손뼉이 울리기 위해서는 두 손바닥이 마주쳐야만 한다. 《한비자》 공명(功名)편에 있는 말이다.

「군주란 천하가 힘을 합쳐 함께 그를 높이므로 안정하고, 많은 사람이 마음을 합쳐 함께 그를 세우므로 존귀하며, 신하는 뛰어난 바를 지켜 능한 바를 다하므로 충성한다. 군주를 높여 충신을 다스리면 오래 즐거이 살아 공명이 이루어지고, 명분과 실리가 서로 견지하여 세워지므로 신하와 군주가 하고자 하는 바는 같으나 쓰임은 다르다. 군주의 걱정은 호응함이 없음에 있으므로 『한 손으로 홀로 쳐서는 아무리 빨리 해도 소리가 나지 않는다(一手獨拍 雖疾無聲)』 라고 한다」

「한 손으로 홀로 쳐서는 아무리 빨리 해도 소리가 없다(一手獨拍 雖疾無聲)」 라고 한 것을 후세에 줄여 써서 고장난명(孤掌難鳴)이라 하게 된 것이다.

원대(元代)의 궁대용(宮大用)이 쓴 《칠리탄(七里灘)》에 「네 마음이 성(聖)을 밝히려고 해도 운대상(雲臺上) 영웅의 협력이 아니면 너 혼자로는 『고장난명』이다(雖然你心明聖 若不是雲臺上英雄併力 你獨自個孤掌難鳴)」라고 한 데서 「고장난명」이란 말이 처음 나왔다.

❷ 鳴鳳在樹(명봉재수) 鸣凤在树 울 鳴 봉새 **鳳** 있을 **在** 나무 **樹**

우는 봉황새가 나무에 앉아 있다.

《천자문》에 있는 말이다.

「우는 봉황새가 나무에 있고, 흰 망아지는 마당에서 풀을 뜯어 먹는다(鳴鳳在樹 白駒食場)」

봉황도

고대 중국인들에게 봉황(鳳凰)은 상상의 새다. 봉(鳳)은 수컷, 황(凰)은 암컷을 말하는데, 이 새는 오동나무가 아니면 머물지를 않고 대나무 열매가 아니면 먹지 않는 다고 한다. 그래서 혼탁한 세속의 풍습과 결코 타협하지 않는 고상함의 상징으로 여겨져 왔다. 봉황은 세상을 평안하게 해줄 성인(聖人)이나 군자(君子)가 나타날

때만 그 모습을 보여준다고 생각했다.

또한 흰 망아지(白駒)는 어진 사람이 타고 온다고 생각했다. 따라서 흰 망아지는 어진 현자(賢者)를 얻는다는 말이다.

태평한 시대에는 천지가 화락(和樂)하고 그 기운은 새나 짐승에게까지 미치며 봉황이 나타나 오동나무에서 운다고 한다. 또 현자가 왕과 대화하는 동안 그가 타고 온 망아지는 마당가에서 평화롭게 풀을 뜯는다는 말이니, 봉황과 백구를 등장시켜 평화스럽게 다스려지는 시대를 묘사한 구절이다.

❸ 螳螂在後(당랑재후) 螳螂在后 사마귀 **螳** 사마귀 **螂** 있을 **在** 뒤 **後**

사마귀가 매미를 잡으려고 엿본다는 말로, 눈앞의 이익에 어두워 뒤에 따를 걱정거리를 생각하지 않는다는 말.

《한시외전(韓詩外傳)》에 있는 이야기다.

춘추시대 말기 오왕(吳王) 부차(夫差)는 월나라 공략에 성공한 후 자만에 빠져 간신 백비의 중상을 믿고 재상 오자서(伍子胥)를 죽였으며,

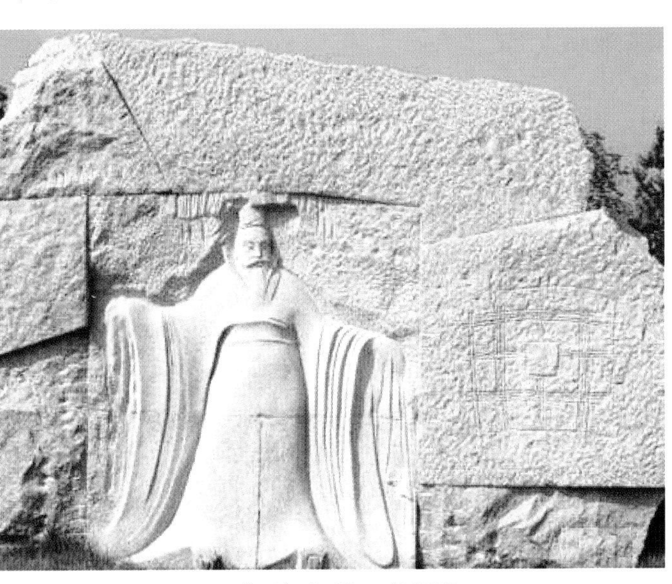

오왕 부차 부조(浮彫)

월(越)나라에서 보내온 미인 서시(西施)와의 사랑에 빠져 있었다. 월나라의 구천이 와신상담하고 있다는 것을 아는 중신들이 간하여도 막무가내였다.

어느 날 아침, 태자 우(友)가 젖은 옷을 입고 활을 든 채 걸어가는 것을 부차가 목격했다. 부차가 물었다.

「너는 아침부터 무엇을 그리 허둥대느냐?」

장 자

「아침에 정원을 거니는데 나뭇가지에 매미가 앉아서 울고 있었습니다. 그런데 그 뒤쪽에서 사마귀가 매미를 잡아먹으려고 노리고 있었습니다. 그 때 마침 참새 한 마리가 날아와서 그 사마귀를 잡아먹으려고 노리는데, 사마귀는 그런 기미를 알아채지 못하고 있었습니다(不知螳螂在其後也 螳螂委身曲附欲取蟬). 저는 참새를 향해 활시위를 당겼습니다. 그런데 그만 활 쏘는 데 정신이 팔려 웅덩이에 빠져버렸습니다. 그래서 옷이 이렇게 젖은 것입니다. 세상에는 이런 예가 수도 없이 많습니다. 제나라는 까닭 없이 노나라를 쳐서 그 땅을 손에 넣고 기뻐했지만, 우리 오나라에게 그 배후를 공격받고 대패했듯이 말입니다」

부차는 태자 우의 말에 얼굴을 붉히며 소리쳤다.

「너는 오자서가 못 다한 충고를 하는 것이냐? 이제 그런 소리는 집어

치워라」

태자의 간언을 듣지 않은 부차는 결국 월의 침입을 받아 멸망하고, 자신은 자결하고 말았다.

장자는 이 일화를 「모든 사물은 본래 서로 해를 끼치는 것이며, 이(利)와 해(害)는 서로가 서로를 불러들이는 것」이라는 비유로 사용하고 있다. 오늘날 소탐대실(小貪大失)과 같은 의미로 사용되고 있다.

❹ 風樹之嘆 (풍수지탄) 风树之叹 바람 **風** 나무 **樹** 의 **之** 탄식할 **嘆**

부모에게 효도를 다하려고 생각할 때에는 이미 돌아가셔서 그 뜻을 이룰 수 없음을 이르는 말. 한나라 때 한영이 지은 《한시외전》에 있는 이야기다.

공자가 제자들을 가르친 행단(杏壇)

공자가 자기의 뜻을 펴기 위해 여러 나라로 떠돌고 있을 때였다. 그 날도 발걸음을 재촉하고 있는데 어디선가 몹시 슬피 우는 소리가 들려왔다. 울음소리를 따라가 보니 고어라는 사람이었다. 공자가 우는 까닭을 물었다. 울음을 그친 고어가 입을 열었다.

「저에게는 세 가지 한(恨)이 되는 일이 있습니다. 첫째는 공부를 한다고 집을 떠나 있다가 고향에 돌아가 보니 부모는 이미 세상을 떠나셨습니다. 둘째는 저의 경륜을 받아들이려는 군주를 어디에서도 만나지 못한 것입니다. 셋째는 서로 속마음을 터놓고 지내던 친구와 사이가 멀어진 것입니다.」 고어는 한숨을 짓고 다시 말을 이었다. 「나무가 조용히 있고 싶어도 불어온 바람이 멎지 않으니 뜻대로 되지 않습니다(樹欲靜而風不止). 자식이 효도를 다하려고 해도 그때까지 부모는 기다려 주지 않습니다(子欲養而親不待). 한번 흘러가면 쫓아갈 수 없는 것이 세월입니다(往而不可追者年也). 돌아가시고 나면 다시는 뵙지 못하는 것이 부모입니다(去而不見者親也). 저는 이제 이대로 서서 말라 죽으려고 합니다」

고어의 말이 끝나자 공자는 제자들을 돌아보며 이렇게 말했다.

「이 말을 명심해 두어라. 훈계로 삼을 만하지 않은가」

이날 깊은 감명을 받은 공자의 제자 중 고향으로 돌아가 부모를 섬긴 사람이 열세 명이나 되었다고 한다.

❺ 黑風白雨 (흑풍백우) 黑风白雨 검을 **黑** 바람 **風** 흰 **白** 비 **雨**

광풍폭우(狂風暴雨).

「검은 바람과 흰 비」라는 말로, 광풍폭우를 비유하는 말이다.

소식(蘇軾 : 호는 東坡)의 시 등에서 유래되었다. 「흑풍(黑風)」은 먼지가 휩쓸려 일어나도록 세차게 부는 바람을, 「백우(白雨)」는 소나기를 뜻한다.

「백우」는 송(宋)나라 때의 시인 소동파가 지은 「유월이십칠일망호루취서(六月二十七日望湖樓醉書)」라는 시에 나온다.

먹구름 검게 일어도 산 가리지 못했네.

흰 소나기 구슬 튀듯 어지러이 뱃전에 쏟아지네.

땅을 말 듯 바람 불어 홀연 흩어지니
망호루 아래 호수 물은 하늘같이 푸르구나.

黑雲翻墨未遮山　흑운번묵미차산
白雨跳珠亂入船　백우도주난입선
卷地風來忽吹散　권지풍래홀취산
望湖樓下水如天　망호루하수여천

소동파

「흑풍(黑風)」은 당(唐)나라 때의 시인 이하(李賀)의 「호가(浩歌)」라는 시에서 유래한다.

검은 바람 몰아쳐 평지를 만드니
천제는 천오를 보내 바닷물을 옮겼다.
서왕모의 도화는 하나같이 붉은데
팽조와 무함은 몇 번이나 죽었던가.
나의 청총마는 동전만한 얼룩이 있고
청춘 뽐내는 버들 가는 연기 머금었다.

黑風吹山作平地　흑풍취산작평지
帝遣天吳移海水　제견천오이해수
王母桃花千遍紅　왕모도화천편홍
彭祖巫咸幾回死　팽조무함기회사
青毛驄馬參差錢　청모총마참차전
嬌春楊柳含細煙　교춘양유함세연

「흑풍백우」는 바람이 세차게 휘몰아치는 가운데 내리는 소나기, 광풍폭우를 비유하는 말로 사용된다.

❻ 白駒過隙 (백구과극) 白驹过隙

흴 **白** 말 **駒** 지날 **過** 틈 **隙**

「백구과극」은 흰 말이 문틈으로 휙 달려 지나간다는 말이다. 즉 세월이 빨리 흐르는 것을 비유하는 말이다.

장 자

《장자》 지북유편(知北遊篇)에 이런 이야기가 나온다.

사람이 천지 사이에서 사는 것은 흰 말이 빈 틈새를 달려 지나가는 것과 같이 순간일 뿐이다(人生天地之間 若白駒之過隙). 모든 것들은 물이 솟아나듯 문득 생겨났다가 물이 흘러가듯이 아득하게 사라져 간다. 일단 변화해서 생겨났다가 다시 변화해서 죽는 것이다.

생물은 이를 슬퍼하고 사람들도 애달파한다. 죽음이란 화살이 활통을 빠져나가고 칼이 칼집에서 빠져나가는 것처럼 분주하고 완연하니 혼백이 장차 가려고 하면 몸도 이를 따르는 법이다. 이 얼마나 거대한 돌아감인가!

❼ 東家食西家宿 (동가식서가숙) 东家食西家宿

동녘 **東** 집 **家** 먹을 **食** 서녘 **西** 잠잘 **宿**

동쪽 집에서 먹고 서쪽 집에서 잠잔다는 뜻으로, 본래는 욕심이 지나친 경우를 가리키는 것이었으나, 지금은 한곳에 정착하지 못하고 이곳저곳 떠돌아다니는 삶을 의미한다.

《태평어람》에 이런 이야기가 있다.

옛날 제나라에 혼기가 찬 한 처녀가 살고 있었다. 그녀에게 동쪽에 사는 집과 서쪽에 사는 집에서 동시에 청혼이 들어왔다.

그러나 동쪽 집 총각은 아주 추남인 반면 집안이 아주 부자였고, 서쪽 집 총각은 매우 가난했으나 출중한 외모를 갖추고 있었다.

이 처녀의 부모는 어느 집으로 딸을 시집보내는 것이 좋을지 결론을 내리지 못했다. 그래서 곰곰이 생각한 끝에 당사자인 딸의 의견에 따르기로 했다.

「두 집 가운데 어느 집으로 시집가기를 원하느냐? 만일 동쪽 집으로 시집을 가고 싶으면 왼쪽 어깨 옷을 내리고, 서쪽 집으로 시집을 가고 싶으면 오른쪽 어깨 옷을 내리도록 하거라」

딸 역시 쉽게 어느 한쪽을 결정짓지 못했다. 그녀는 골똘히 생각하더니, 갑자기 양쪽 어깨를 모두 벗는 것이었다. 부모는 딸의 행동에 깜짝 놀라 그 이유를 물었다. 그러자 딸은 이렇게 말했다.

「낮에는 동쪽 집에 가서 먹고 싶고, 밤에는 서쪽 집에 가서 자고 싶어요」

❽ 一場春夢(일장춘몽) 一场春梦 한 一 마당 **場** 봄 **春** 꿈 **夢**

한바탕의 봄꿈처럼 헛된 영화(榮華)나 덧없는 일이란 뜻으로, 인생의 허무함을 비유하여 이르는 말.

송(宋)나라 때 소설 《후청록(侯鯖錄)》에 나오는 말이다. 이와 비슷한 말로 당(唐)나라의 이공좌(李公佐)가 지은 전기(傳奇)소설 《남가태수전》의 「남가일몽(南柯一夢)」과 함께 중당(中唐)의 심기제(沈旣濟)가 지은 전기소설 《침중기》의 「한단지몽」이 있다.

여 옹

《남가태수전(南柯太守傳)》에 있는 「남가일몽」 이야기는,

「순우분이라는 사람이 술에 취하여 선잠이 들었다. 꿈속에서 괴안국(槐安國) 사신의 초청으로 집 마당의 홰나무 구멍 속으로 들어갔다. 그곳에서 왕녀와 결혼하고 남가군(南柯郡)의 태수가 되어 호강을 누렸다. 왕녀가 죽어 고향으로 돌아와 깨어보니 자기 집이었다. 마당으로 내려가 홰나무를 조사해 보니 꿈속에서의 나라와 같은 개미의 나라가 있었다」고 하는 것이 줄거리다.

《침중기(枕中記)》에 있는 「한단지몽(邯鄲之夢)」이야기는,

「개원(開元) 연간에 한단(邯鄲)의 서생 노생(盧生)이 사냥 길에 주막에서 여옹(呂翁)이라는 노인을 만난다. 그에게서 이상한 청자(靑磁) 베개를 빌려 쉬는 동안 입신을 하고, 유배도 가고, 죽을 위기에까지 몰리기도 하다가 끝내 일인지하 만인지상(一人之下萬人之上)의 위치에까지 올라 온갖 영화를 누리다가 일생을 마친다. 깨어 보니 꿈이었다. 아직도 주막의 밥은 뜸이 들지 않은 아주 잠시 동안의 일이었다」라고 하는 것이 줄거리다.

위의 이야기들에서 꾸는 꿈의 공통점은 모두 인생의 덧없음을 암시한

다는 것이다. 현실과 꿈의 세계에서 갈피를 못 잡는 주인공의 모습만이 있다. 이렇듯 인간이 꿈꾸는 삶은 얼마나 허무한 것이며, 인생살이에서 추구한 부귀영화는 또 얼마나 덧없는 것이었던가. 사람의 일생은 「한바탕 봄꿈(一場春夢)」에 지나지 않는 것이다.

18. 化被草木 賴及萬方 (화피초목 뇌급만방) 化被草木 赖及万方

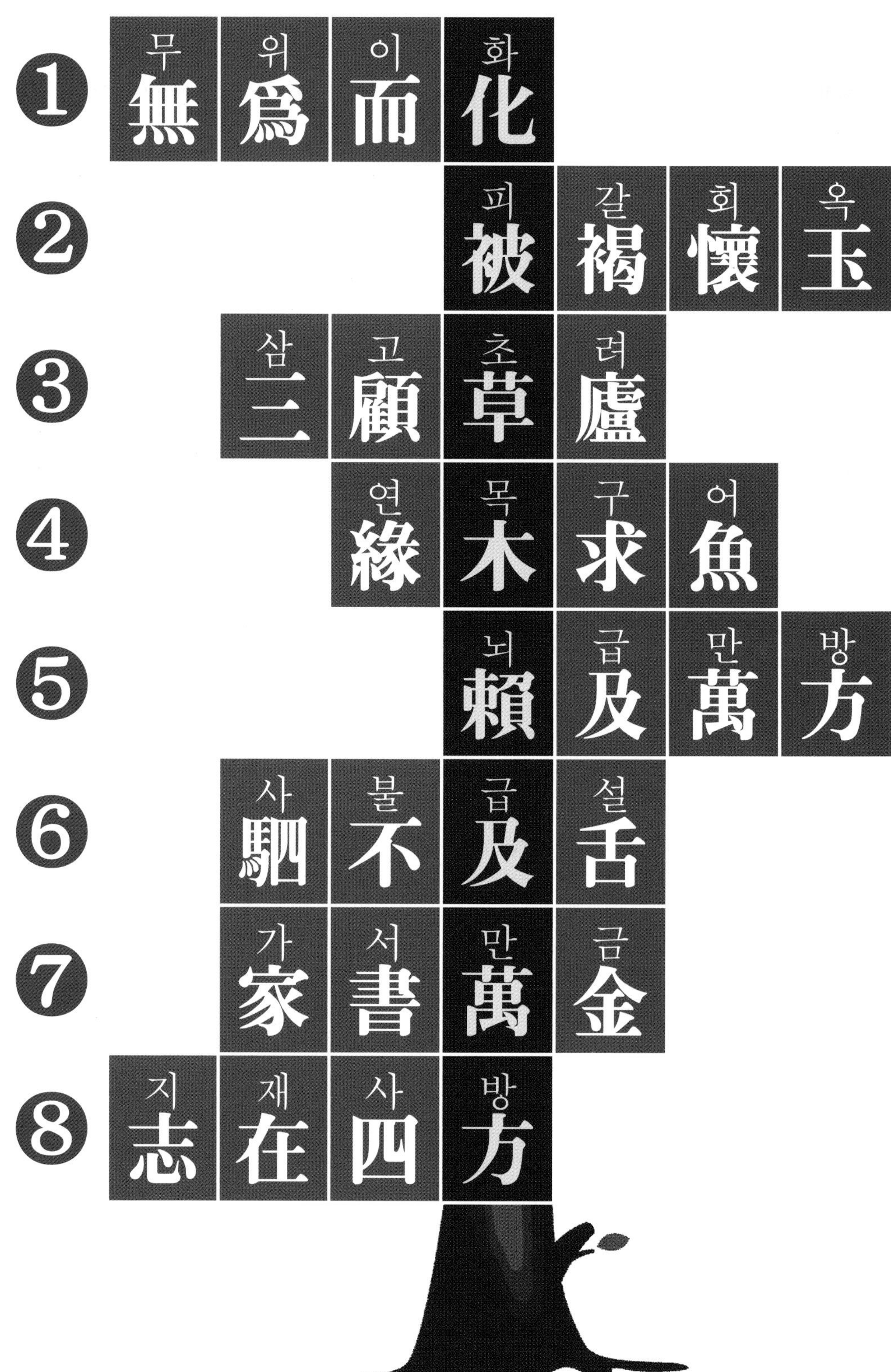

풀 이

❶ 無爲而化(무위이화) 无为而化 없을 **無** 할 **爲** 어조사 **而** 될 **化**

아무것도 하지 않음으로써 교화한다는 뜻으로, 억지로 꾸밈이 없어야 백성들이 진심으로 따르게 된다는 말. 도(道)는 스스로 순박한 자연을 따른다는 무위자연(無爲自然)을 주장한 노자의 말로, 백성을 교화함에 있어서 잔꾀를 부리면 안 된다는 뜻이다.

《노자》 제57장 순풍(淳風)에 다음과 같은 내용이 있다.

노자 송하기우도

나라는 바른 도리로써 다스리고, 용병은 기발한 전술로 해야 하지만, 천하를 다스림에 있어서는 무위로써 해야 한다. 그러므로 성인은 다음과 같이 말했다.

「내가 아무것도 하지 않으니 백성들이 스스로 감화되고(我無爲 而民自化), 내가 고요하니 백성들이 스스로 바르게 되며(我好靜 而民自正), 내가 일을 만들지 않으니 백성들이 스스로 부유해지고(我無事 而民自富), 내가 욕심 부리지 않으니 백성들이 스스로 소박해진다(我無欲 而民自樸)」

인간의 욕심이 문화를 낳고, 바로 그 문화가 인간의 본심을 잃게 만들었다고 주장하는 노자는 「무위이화(無爲而化)」 사상을 통해 자연 상태 그대로의 인간 심성을 강조한다.

순임금

곰곰이 생각해 보면, 무위(無爲)는 이것저것 다 포기한 채 아무것도 안하는 것이 아니라, 이것저것 다 할 수 있으면서도 참고 삭이면서 마음속 「발효」를 통해 성숙을 기하는 과정이라는 생각할 수 있다. 대외적으로만 무위(無爲)일 뿐, 내면에서는 성숙의 시간이 활성화되는 셈이다. 이런 연장선상에서 「침묵은 어떤 웅변보다 더 웅변적이다」라는 말이 이해가 될 법도 하다. 가끔은 무언가를 해야 한다는 강압에서 벗어나 그냥 그대로 내버려 두는 미덕도 발휘할 만한 것 같다.

한편 《논어》 위령공(衛靈公)편에도 다음과 같이 무위에 관한 내용이 보인다. 이곳에서는 무위를 덕치(德治)로 해석하여, 덕으로 다스리면 백성들이 마음으로 따른다고 하였다.

「공자가 말하기를, 애쓰지 않고도 잘 다스린 이는 순임금이로다. 대저 어찌함인가 하면, 몸을 공손히 바르게 하고 남면하여 임금 자리에 앉아 있을 따름이니라(子曰 無爲而治者 其舜也與 夫何爲哉 恭己正南面而已矣)」

「무위이화」란 이와 같이 법과 제도로써 다스리려 하는 법가 사상과 대치되는 생각이지만, 유가에서는 덕을 중시하고, 도가에서는 인이나 예마저도 인위적인 것이라고 하여 배척한다. 자연 상태 그대로의 인간 심성과 자연의 큰 법칙에 따르는 통치가 바로 「무위이화」이다.

❷ 被褐懷玉 (피갈회옥) 被褐怀玉 입을 **被** 베옷 **褐** 품을 **懷** 옥 **玉**

겉에는 거친 베옷을 입고 있으나 속에는 옥을 품고 있다는 뜻으로, 현인이 세상에 모습을 드러내려고 하지 않음을 이르는 말. 《노자》

❸ 三顧草廬 (삼고초려) 叁顾草庐 석 **三** 돌아볼 **顧** 풀 **草** 오두막집 **廬**

「삼고초려」는 세 번이나 보잘것없는 초막으로 찾아갔다는 뜻이다.

삼국시대 때의 유현덕이 와룡강(臥籠崗)에 은둔해 사는 제갈공명을 불러내기 위해 세 번이나 그를 찾아가 있는 정성을 다해 보임으로써 마침내 공명의 마음을 감동시켜 그를 세상 밖으로 끌어낼 수 있었던 것은 유명한 이야기다. 그래서 이 「삼고초려」는 신분이나 지위가 높은 사람이 세상 사람들이 대단치 않게 보는 사람을 끌어내어 자기 사람으로 만들려는 겸손한 태도와 간곡한 성의를 뜻하는 말로 쓰이게 되었다.

제갈량(元 미상)

그런데 이 삼고초려란 말이 《삼국지》 제갈량전에는, 「세 번 가서 이에 보게 되었다(三往乃見)」고 나와 있을 뿐이다.

삼고모려도(三顧茅廬圖, 明 화가 대진)

실제 이 말이 나온 것은 제갈량의 유명한 「출사표(出師表)」 속에서다. 여기서 제갈량은 자기가 세상에 나오게 된 경위를 이렇게 말하고 있다.

「신은 본래 포의(布衣 : 평민)로서 몸소 남양(南陽)에서 밭갈이하며 구차히 어지러운 세상에 목숨을 보존하려 했을 뿐, 제후들 사이에 이름이 알리기를 바라지는 않았습니다. 선제(先帝 : 유현덕)께서 신의 천한 몸을 천하다 생각지 않으시고, 황공하게도 스스로 몸을 굽히시어 세 번이나 신을 초막으로 찾아오셔서(三顧臣於草廬之中) 당면한 세상일을 신에게 물으시는지라, 이로 인해 감격하여 선제를 위해 쫓아다닐 것을 결심하게 되었던 것입니다」

《삼국지연의》에는 제갈량이 유비 현덕이 두 번째까지의 방문 때는 고의로 만나주지 않다가 유비의 정성이 워낙 간곡했기 때문에 세 번째는 만나서 유비를 돕기로 확답을 했다.

마침내 제갈량은 유비의 군사(軍師)가 되어 수많은 계책을 내고 승전하게 함으로써 촉나라의 기틀을 잡아놓게 되었는데, 유비가 황제의 위에 오르자 그는 승상이 되었다.

유비가 현자를 구하기 위해 그토록 열성적이었다는 데서, 어떤 사람을 여러번 성심성의껏 청하는 것을 「삼고초려」라고 하게 되었다. 동시에 유비가 제갈량을 청하는 일이 그토록 쉽지 않았다는 데서 여러 번 청해도 응하지 않는 것을 또한 그렇게 말하기도 한다. 「삼고모려(三顧茅廬)」라고도 한다.

❹ 緣木求魚(연목구어) 缘木求鱼 가장자리 **緣** 나무 **木** 구할 **求** 물고기 **魚**

도저히 불가능한 일을 굳이 하려 함.

「연목구어」는 나무에 올라가서 고기를 잡으려 한다는 뜻이다. 고기를 잡으려면 물로 가야 한다. 엉뚱하게도 나무 위에 올라간다면 그것은 목적과는 반대되는 행동이다. 즉 전연 성공할 가능성이 없는 것을 비유해서 하는 말이다. 《맹자》 양혜왕 상에 있는 맹자와 제 선왕(齊宣王)의 문답에 나오는 말이다.

맹 자

주(周)나라 신정왕(愼靚王) 3년(BC 318), 맹자는 양(梁)나라를 떠나 제(齊)나라로 갔다. 이미 50 고개를 넘었을 때였다. 동방의 제(齊)는 서방의 진(秦), 남방의 초(楚)와 더불어 전국 제후 중에서도 대국이었다. 선왕도 도량이 넓은 보통내기가 아니었다. 맹자는 그 점에 매력을 느끼고 있었다. 그러나 시대의 요구는 맹자가 말하는 왕도정치가 아니고 부국강병이었으며 외교상의 책모도 원교근공책(遠交近攻策)이나 합종책

또는 연횡책 등이었다. 선왕은 맹자에게 춘추시대의 패자였던 제의 환공(桓公), 진(晋)의 문공(文公)의 패업을 듣고 싶다고 했다. 선왕은 중국의 통일이 관심사였다. 맹자가 물었다.

「도대체 왕께서는 전쟁을 일으켜 신하의 생명을 위태롭게 하고, 이웃나라와 원수를 맺는 것을 좋아하십니까?」

연목구어

「아니오, 좋아하지는 않소. 그걸 부득이 하는 것은 내게 대망(大望)이 있어서지요」

「그럼 왕의 그 대망이란 것이 무엇인지 말씀해 주십시오」

인의(仁義)에 바탕을 둔 왕도정치를 말하는 맹자를 앞에 놓고 선왕은 다소 얼굴이 무색해졌다. 웃음으로 넘겨버릴 뿐 좀처럼 입을 열려고 하지 않았다. 맹자는 유인책을 썼다.

「전쟁의 목적은 의식(衣食)에 있습니까, 인생의 안락에 있습니까?」

「아니오, 나의 욕망은 그런 것이 아니오」

선왕은 맹자의 교묘한 변론에 말려들었다. 맹자는 맹렬히 추궁했다.

「그렇다면 잘 알겠습니다. 영토를 확장하여 진(晋)이나 초(楚) 같은 대국으로 하여금 조공을 바치게 한 다음, 중국에 군림하여 사방 오랑캐들을 어루만지는 것입니다. 그러나 그런 방법(일방적인 무력)으로 그 같은 소원을 이루려 한다면, 그것은 나무에 올라가 고기를 잡으려는 것과 같습니다(猶緣木而求魚也)」

천하통일을 무력으로 꾀하려는 것은 「나무에서 물고기를 구하는」 것과 같은 것으로 「목적과 수단이 맞지 않으므로 불가능하다」는 말을 듣고 선왕은 놀라며 의외로 생각했다.

「그토록 무리한 일입니까?」

「그보다 더 무리한 일입니다. 나무에서 물고기를 구하는 것은 물고기를 구하지 못할 뿐 뒤따르는 재난은 없습니다. 그러나 왕과 같은 방법(일방적인 무력사용)으로 대망(영토확장)을 달성하려고 하시면, 심신(心身)을 다하되 결국은 백성을 잃고 나라를 망하게 하는 대재난이 닥칠 뿐, 좋은 결과는 오지 않습니다」

제선왕

「뒤에 재난이 있게 되는 까닭을 가르쳐 주지 않겠소?」 하고 선왕은 무릎을 내밀며 바짝 다가앉았다.

이렇게 해서 맹자는 교묘하게 대화의 주도권을 쥐고 인의(仁義)를 바탕으로 하는 왕도정치론을 당당히 설파했다.

❺ 賴及萬方(뇌급만방)

赖及万方 힘입을 **賴**(뢰) 미칠 **及** 일만 **萬** 모 **方**

힘입음이 온 세상에 미친다.

《천자문》에 있는 말이다.

요임금

「교화가 풀과 나무에까지 미치고, 힘입음이 온 세상에 미친다(化被草木 賴及萬方)」

명군의 덕화가 풀이나 나무에까지도 미치고 그의 큰 은혜는 천지간의 만물에까지 미친다. 슬기로운 임금이 용상(龍床)에 앉으면 그 베풀어 주는 힘이 백성뿐만 아니라 땅 위에 있는 모든 것에까지 미쳐 태평세상이 된다는 말이다. 요순시대(堯舜時代)가 이러한 시대라고 할 것이다.

❻ 駟不及舌(사불급설) 驷不及舌 네 마리 말 **駟** 아니 **不** 미칠 **及** 혀 **舌**

입에서 나온 말은 삽시간에 퍼진다. 말을 조심하라

말을 조심해야 한다는 경계의 말은 예부터 많이 전해지고 있다. 《시경》 대아 억편(抑篇)에 나오는,

흰 구슬의 이지러진 것은 차라리 갈(磨) 수 있지만
이 말의 이지러진 것은 어찌할 수 없다.

白圭之玷尙可磨也　斯言之玷不可爲也
백규지점상가마야　사언지점불가위야

라고 한 것도 한 예다. 공자의 제자 남용(南容)은 이 시를 읽으며, 그 뜻의

깊음에 감탄한 나머지 세 번을 거듭 되풀이했고, 공자는 그것을 보고, 「남용은 나라에 도가 있으면 출세를 할 것이요, 나라에 도가 없어도 욕을 당하지 않을 것이다」 하고 그를 조카사위로 삼았다는 이야기가 《논어》에 나온다.

네 마리 말(駟馬)이 끄는 어가

당나라 명재상 풍도(馮道)는 그의 「설시(舌詩)」에서, 「입은 화의 문이요, 혀는 몸을 베는 칼이다(口是禍之門 舌是斬自刀)」라고 했다. 우리가 흔히 쓰는 「화자구출(禍自口出)이요, 병자구입(病自口入)」이란 문자도 다 같은 뜻에서 나온 것이다.

여기에 나오는 「사불급설」도 말을 조심해야 한다는 비유로 한 말이다. 사(駟)는 네 마리의 말이 끄는 빠른 수레를 말한다. 아무리 빠른 수레로도 한번 해버린 말을 붙들지는 못한다는 뜻이다. 즉 「네 마리 말도 혀에는 미치지 못한다」는 뜻이다.

이것은 《논어》 안연편에 나오는 자공(子貢)의 말이다.

극자성(棘子成)이란 사람이 자공을 보고 말했다.

「군자는 질(質)만 있으면 그만이다. 문(文)이 무슨 필요가 있겠는가?」

그러자 자공은, 「안타깝도다, 사(駟)도 혀를 미치지 못한다(駟不及舌). 문이 질과 같고, 질이 문과 같다면 호랑이나 표범의 가죽이 개나 양의 가죽과 같단 말인가」라고 그의 경솔한 말을 반박했다.

「질(質)」은 소박한 인간의 본성을 말하고,「문(文)」은 인간만이 가지고 있는 예의범절 등 외면치레를 극자성은 말하고 있는 것 같다. 실상 그로서는 호랑이 가죽이나 개 가죽을 같이 보았는지도 모른다.

❼ 家書萬金(가서만금) 家书万金 집 **家** 쓸 **書** 일만 **萬** 돈 **金**

두 보

고독한 여행지 이국(異國)에서의 생활에서 가족으로부터 온 편지는 정말로 만금(萬金)의 가치에 상당할 정도로 반갑다고 하는 것. 유명한 당나라 시인 두보(杜甫)는 안녹산(安祿山)의 난으로 붙잡혀서 이듬해(757년) 탈주했다. 수도 장안에 구속된 몸이 되었을 때, 전란으로 심하게 황폐해진 장안의 봄을 아파해서 만든 저 유명한 「춘망시(春望詩)」 가운데 한 구절이다. 가서(家書)는 아내 혹은 가족으로부터의 편지로서, 「가서만금」은 만금을 주더라도 집소식이 궁금하다는 말이다.

두보가 이 시를 읊게 된 것은 이듬해 봄의 일이었다. 포로의 신세를 한탄한 그의 심정이 뼈에 사무치게 잘 묘사되어 있다.

나라는 깨지고 산과 물만 남았구나　　國破山河在
성안은 봄이 되어 초목만 무성하고　　城春草木深
때를 생각하니 꽃에도 눈물을 뿌리고　感時花濺淚

이별을 한하니 새도 마음을 놀래준다　　恨別馬驚心
봉화가 석 달을 계속하니　　烽火連三月
집에서 온 편지가 만금 같구나　　家書抵萬金
흰 머리를 긁으니 다시 짧아져서　　白頭搔更短
온통 비녀를 이겨내지 못할 것 같다　　渾欲不勝簪

❽ 志在四方(지재사방)　志在四方　　뜻 **志** 있을 **在** 넉 **四** 모 **方**

「뜻이 사방에 있다」라는 뜻으로, 포부가 큰 사람은 안일한 생활에 미련을 두지 않고 동서남북 어디에나 갈 수 있다는 말. 「사방지지(四方之志)」가 변하여 이루어진 성어이다.

《좌씨전》 희공 23년조에 있는 이야기다.

제환공

진(晉)나라 공자(公子) 중이(重耳)가 제(齊)나라로 피신하여 있을 때, 제환공(齊桓公)은 그를 잘 대접하고 강씨(姜氏)라는 아내까지 얻어주었다. 중이는 생활이 풍족해지자 예전의 원대한 포부를 더 이상 생각하지 않게 되었다. 중이를 따르는 무리들은 그의 이러한 태도에 불만을 품고 있었다. 그들은 모여 중이로 하여금 제나라를 떠나게 할 방도를 궁리하였다. 마침 강씨의 시녀가 그 말을 엿듣고는 즉시 강씨에게 고하였다. 강씨는 곧 바로 그 시녀를 죽이고 나서 중이에게 「당신은 사방에 뜻을 두셨더군요(子有四方之志). 밀담을 엿들은 하녀는 내가 죽여 버렸습니다」 라고 말하며, 제나라를 떠나도록 권했다.

진문공 복국도(復國圖)

중이가 떠나려 하지 않자, 강씨는 그를 술에 취하게 한 뒤에 수레에 태워 제나라 밖으로 보내버렸다. 중이는 다시 여러 나라를 떠돌다가 진(晉)나라로 돌아가 군주의 자리를 차지하니, 그가 바로 춘추오패의 한 사람인 문공(文公)이다.

또 전한(前漢)의 공부(공자의 9대손)가 편찬한, 공자 이하 자사(子思)·자고(子高)·자순(子順) 등 일족의 언행을 모아 엮은 책 《공총자(孔叢子)》에 있는 이야기다. 공자의 5대손인 공천(孔穿)은 조(趙)나라를 방문하였을 때, 추문(鄒文)·계절(季節)과 친구로 사귀었다. 공천이 노(魯)나라로 돌아가려 하자 추문과 계절은 배웅하러 나와서 3일을 함께 보냈다. 그러고도 헤어지는 순간에 작별을 아쉬워하며 눈물을 흘렸으나 공천은 그대로 가버렸다.

공천은 매정하게 떠난 까닭을 묻는 시종에게 「처음에 나는 그들이 대장부인 줄 알았는데, 이제 보니 용렬한 사람들이더군. 사람은 살면서 사방에 뜻을 두어야 하거늘(人生則有四方之志), 어찌 산 속의 사슴이나 멧돼지처럼 항상 모여 살 수 있겠는가」 라고 설명하였다.

「지재사방」은 원대한 포부와 이상을 품고 있거나 그것을 실현하기 위해서 한 곳에서 안일하게 머물지 않고 어디든지 갈 수 있음을 비유하는 성어로 사용된다.

19. 蓋此身髮(개차신발) 四大五常(사대오상) 盖此身发 四大五

풀이

❶ 拔山蓋世 (발산개세) 拔山盖世　뽑을 **拔** 뫼 **山** 덮을 **蓋** 세상 **世**

힘이 산이라도 뽑아 던질 만하고 세상을 덮을 정도로 기력이 웅대함.

이 말은 용력과 패기를 말한 항우의 자기 자랑이었지만, 그 뒤로 이 「발산개세(拔山蓋世)」란 말은 항우(項羽)를 상징하는 대명사처럼 되었고, 또 힘과 용맹을 표현하는 말로 흔히 인용되곤 한다. 이를테면 「제아무리 발산개세하는 놈이라도……」하는 식으로 쓴다.

항우가 한패공(漢沛公) 유방을 맞이하여 해하(垓下)에서 최후의 결전을 하던 날 밤이었다. 군대는 적고 먹을 것마저 없는데, 적은 겹겹이 둘러싸고 있다. 게다가 항우를 더욱 놀라게 한 것은 포위하고 있는 적군들이 사방에서 초나라 노래를 부르고 있는 것이었다(四面楚歌).

「이제는 다 틀렸다. 적은 이미 초나라 땅을 다 차지하고 만 모양이다. 그렇지 않고서야 초나라 사람들이 이토록 많이 적에 가담할 수가 없지 않은가」

항우와 우미인(영화 「패왕별희」의 한 장면)

최후의 결심을 한 항우는 장수들과 함께 결별의 술자리를 베풀었다.

그 자리에는 항우가 항상 진중에 함께 데리고 다니던 사랑하는 우미인(虞美人)도 함께 했다.

항우에게는 우미인처럼 늘 그와 운명을 같이 하다시피 한 오추마(烏騅馬)로 불리는 천리마가 있었다. 오추마를 추(騅)라고 불렀다. 술이 한잔 들어가자 항우는 감개가 더욱 무량했다. 슬픔과 울분이 한꺼번에 치밀어 올라 노래라도 한 수 읊지 않고는 도저히 견딜 수가 없었다.

힘은 산을 뽑고 기상은 세상을 덮었는데
때가 불리하니 추마저 가지 않누나.
추마저 가지 않으니 난들 어찌하리.
우(虞)야, 우야, 너를 어찌하리.

力拔山兮氣蓋世　時不利兮騅不逝　역발산혜기개세　시불리혜추불서
騅不逝兮可奈何　虞兮虞兮奈若何　추불서혜가나하　우혜우혜나약하

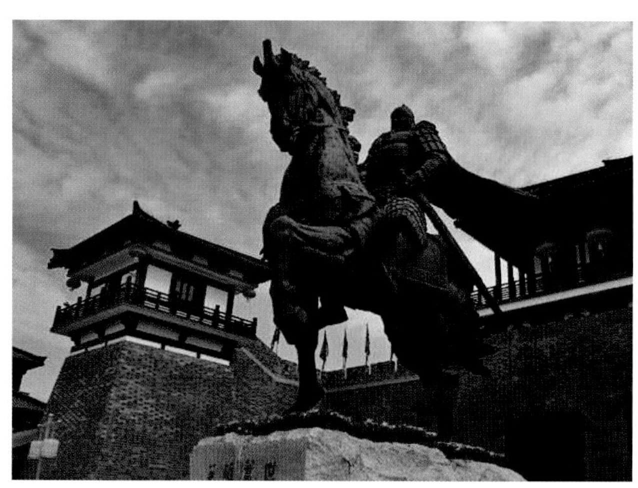
항우의 영웅개세 조상(彫像)

항우가 노래를 몇 곡 부르는 동안 우미인은 화답을 했다. 항우는 눈물이 몇 번이나 넘쳐흘렀다. 좌우에 있는 사람들은 그의 슬퍼하는 모습을 바로 쳐다보지 못했다. 노래를 마치고 항우는 우미인을 혼자 남아 있으라고 이렇게 위로하며 권했다.

「너는 얼굴이 아름다우니 패공의 사랑을 받아 목숨을 부지할 수가 있을 것이다」

그러나 우미인은 항우를 따라가겠다면서 단검을 받아 들고는 자결하고

만다. 남편의 짐이 되지 않기 위해서였다. 이 노래는 「발산기개세지가(拔山氣蓋世之歌)」라고도 하고, 「우혜가(虞兮歌)」라고도 한다. 「발산개세」는 보통 「역발산기개세(力拔山氣蓋世)」라고 한다.

❷ 此忘憂物 (차망우물) 此忘忧物 이 **此** 잊을 **忘** 근심할 **憂** 물건 **物**

진(晉)나라 시인 도연명(陶淵明)은 시 「음주(飮酒)」제7수에서,

가을 국화는 빛깔도 아름답네.
이슬이 내려앉은 꽃잎 따서
이 시름 잊게 하는 물건(술)에 띄워서 마시니
속세와 멀어진 내 심정 더욱 간절하네.
잔 하나로 혼자 마시다 취하니
빈 술병과 더불어 쓰러지누나.
날은 저물고 만물이 쉬는 때
날던 새도 둥지 찾아 돌아온다.
동쪽 창 아래서 휘파람 부니
이보다 더 즐거운 시간이 어디 있겠나.

秋菊有佳色 浥露掇其英　추국유가색 읍노철기영
汎此忘憂物 遠我遺世情　범차망우물 원아유세정
一觴雖獨進 杯盡壺自傾　일상수독진 배진호자경
日入群動息 歸鳥趨林鳴　일입군동식 귀조추림명
嘯傲東軒下 聊復得此生　소오동헌하 요부득차생

도연명 취귀도(醉歸圖 淸 장사보)

이때부터 술은 근심을 잊게 해준다 하여 「망우물(忘憂物)」로 불렸다.

《한서》 식화지(食貨志)에 있는 술에 대한 예찬이다.

「술이란 하늘이 준 아름다운 선물이다. 제왕은 술로 천하를 양생했고, 제사를 지내 복을 빌고, 쇠약한 자를 돕고 질병을 치료했다. 예를 갖추는 모든 모임에 술이 없으면 안 된다」

전한(前漢)과 후한 사이에 15년 동안의 명맥을 지니고 있던 신(新)나라의 황제가 왕망(王莽)이다. 이 왕망이 소금과 술과 쇠를 정부의 전매품으로 정하고 이 사실을 천하에 공포한 조서(詔書) 가운데, 「대저 소금은 먹는 반찬 가운데 장수요, 술은 백 가지 약 중에 으뜸(酒乃百藥之長)으로 모임을 좋게 하며, 쇠는 밭갈이하는 농사의 근본이다」라는 말이 있다.

❸ 明哲保身 (명철보신) 明哲保身 밝을 **明** 밝을 **哲** 보전할 **保** 몸 **身**

총명하고 사리에 밝아 일을 잘 처리하여 몸을 보전함.

「명철보신」은, 세상일을 훤히 내다보는 처세를 잘함으로써 난세를 무사히 살아가게 되는 것을 말한다. 대개 부귀를 탐내지 않고 자기의 재주와 학식을 숨긴 채 평범한 인물로서 표 나지 않게 살아가는 것을 가리켜 말한다.

시조(詩祖) 윤길보

「성공자퇴(成功者退)」라는 항목에 나오는 채택(蔡澤) 같은 사람은 어느 의미에서 명철보신을 했다고도 볼 수 있다. 그러나 대개 숨어 사는 은일(隱逸)들을 가리켜 말한다. 이 말은 일찍부터 많은 사람의 입에 오르내린 오래된 말이다.

《시경》 대아 증민편(烝民篇)에 있는 구절이다.

숙숙한 왕명을 중산보가 맡고 있다.
나라의 좋고 나쁜 것을 중산보가 밝힌다.
이미 밝고 또 통한지라 이로써 그 몸을 보전한다.
아침이나 밤이나 게으르지 않고 이로써 한 사람(王)을 섬긴다.

肅肅王命　仲山甫將之　　숙숙왕명　중산보장지
邦國若否　仲山甫明之　　방국약부　중산보명지
旣明且哲　以保其身　　기명차철　이보기신
夙夜匪解　以事一人　　숙야비해　이사일인

이 시는 중산보(仲山甫)란 대신이 주왕(周王)의 명령으로 멀리 성을 쌓으러 가는 것을 찬양하여 환송하는 시로, 위 내용은 그 중간 부분이다.

주 자

이것을 쉽게 풀면 이렇다.

「황공스런 왕명을 중산보가 받아 현지로 떠나려 한다. 그곳 나라들은 좋은 점과 나쁜 점이 반드시 있겠지만, 중산보는 이를 알아서 잘 처리할 것이다. 이치에 밝고 일에 통한 그는 이같이 함으로써 그의 몸을 무사히 보전할 것이다. 아침 일찍부터 밤늦게까지 잠시도 게으름을 피우는 일이 없이 오직 한 분인 왕을 위해 일한다」

중산보는 주나라 선왕(宣王) 때의 재상으로 그가 임금의 명을 받들어 제나라에 가 성을 쌓을 때 윤길보(尹吉甫)가 이를 전송하면서 지은 것이라고 한다.

주자(朱子)에 따르면 「명(明)」은 「이치에 밝은 것(明於理)」을 말하고 「철(哲)」은 「사물을 잘 살피는 것(察於事)」이다. 「보신(保身)」은 「이치에 순종해서 몸을 지키는 것이지, 이익을 좇고 재앙을 피해서 구차하게 몸을 온전히 하는 것은 아니다」라고 하였다.

《시경(詩經)》의 본뜻에도 그런 내용이 전혀 없는 것은 아니지만, 뒤에 와서 쓰이는 이 「명철보신」이란 말 가운데는 자기 위주의 현명한 처세술을 의미하는 정도가 강하다.

이러한 명철보신하는 사람은 고래로 수없이 많았다. 적어도 문장에는 곤잘 이 말이 쓰여 왔다. 하지만 명철이 보신과 병칭되며, 지덕(知德)이 있는 사람이 난세에 즈음하여 몸을 보신하는 것을 겸했다고 해서 칭찬하는 이 말에는 동양적인 은일(隱逸)사상과 유교적인 처세술의 냄새가 풍겨져 낡은 사상이라고 보는 사람도 있을지 모른다.

❹ 白髮三千丈 (백발삼천장)

白髮叁千丈
흴 白 터럭 髮 석 三 일천 千 길이 丈

표현이 지나치게 과장됨. 근심 걱정이나 비탄이 쌓여 가는 모양.

흰 머리털이 3천 길이나 된다는 뜻이다. 이것은 수심으로 덧없이 늙어 가는 것을 한탄하는 뜻으로도 쓰이지만, 흔히 표현이 지나치게 과장된 예로 들기도 한다. 이백(李白)의 시에는 이런 과장된 표현이 많은 것이 한 특성으로 되어 있지만, 이것은 단순한 과장이기보다는 그의 호탕한 성격의 느낌을 그대로 표현한 데서 오는 결과일 것이다.

이백의 「추포가」

이 말은 이백의 「추포가」 열일곱 수 가운데 열다섯째 수의 첫 글귀에 나오는 말이다. 「추포가」는 이백의 시로서는 보기 드물게 고독과 늙어 가는 슬픔을 조용히 읊고 있는데, 이 열다섯째 수만은 그의 낙천적인 익살이 약간 엿보이고 있다.

흰 머리털이 삼천 길

수심으로 이토록 길었나.
알지 못하겠도다. 거울 속
어디서 가을 서리를 얻었던고.

白髮三千丈 綠愁似箇長　백발삼천장 녹수사개장
不知明鏡裏 何處得秋霜　부지명경리 하처득추상

이 「추포가」는 이백의 가장 만년(晩年)의 시로, 실의에 가득 차 있을 당시의 작이다. 백발삼천장은 머리털을 표현한 것이기보다는 한이 없는 근심과 슬픔을 말한 것이리라.

❺ 四面楚歌 (사면초가) 四面楚歌　넉 **四** 쪽 **面** 초나라 **楚** 노래 **歌**

서초패왕 항우

적에게 둘러싸인 상태나, 누구의 도움도 받을 수 없는 고립 상태에 빠짐.

초한전(楚漢戰) 당시 항우의 고사에서 나오는 너무도 유명한 말이다. 「사면초가」는 사방이 완전히 적으로 둘러싸여 있다는 뜻인데, 그 속에는 내 편이었던 사람까지 적에 가담하고 있는 비참한 처지란 뜻이 포함되어 있다.

초·한의 7년 풍진도 이제는 조용해지는가 했더니, 한왕 유방이 약속을 어기고 항우를 해하(垓下)에서 포위했다.

해하지전

해하에 진을 친 항우는 군사도 적고 식량도 다 떨어져 가고 있었다. 겹겹이 둘러싸고 있는 한나라 군사는 장량(張良)의 꾀로 초나라 출신 장병들을 항우 진영 가까이에다 배치하고 밤에 초나라 노래를 부르게 했다.

《사기》 항우본기(項羽本紀)에 보면,

「밤에 한나라 군사가 사면에서 모두 초나라 노래를 부르는 것을 듣자, 초왕은 이에 크게 놀라 말하기를, 『한나라가 이미 초나라를 다 얻었단 말인가. 어째서 초나라 사람이 이다지도 많지?』 했다(夜聞漢軍四面而皆楚歌 項王及大驚曰 漢皆既得楚乎 是何楚人之多也)」고 나와 있다.

여기에서 외톨이가 되고 만 것을 가리켜 「사면초가」라 부르게 되었다. 이 마지막 장면을 계기로 해서 항우는 무수한 말들을 뒷사람들에게 남겨 주고 있다. 「역발산기개세(力拔山氣蓋世)」니, 「무면도강동(無面渡江東)」이니, 「권토중래(卷土重來)」니 하는 등등.

❻ 寬仁大度 (관인대도)

寬仁大度 너그러울 **寬** 어질 **仁** 클 **大** 법도 **度**

마음이 너그럽고 인자하며 도량이 넓음.

《사기》 고조본기에 다음과 같은 말이 있다.

한고조 유방

「관대하고 어질며 남을 사랑하고 베풀기를 좋아하였으며 뜻이 탁 트였다. 항상 큰 도량을 지녀 집안사람들이 하는 생산 작업을 일삼지 않았다(寬仁而愛人喜施 意豁如也 常有大度 不事家人生産作業)」

《사기》 원문에는 「관」 자는 없다. 「물이 맑으면 큰 고기가 모이지 않는다(水淸無大魚)」는 속담처럼 남을 수하에 거느리기 위해서는 위엄과 술수도 필요하지만 넉넉한 도량이 가장 좋다. 용서하고 이해하며 그들의 생각을 공감할 때 비로소 큰 인물들이 심복이 되어 들어오는 것이다.

《중용》 제17장에 보면 「때문에 큰 덕은 반드시 그 지위를 얻을 것이고 그 녹을 받을 것이며, 그 이름을 얻을 것이고, 그 목숨을 유지할 수 있을 것이다(故大德 必得其位 必得其祿 必得其名 必得其壽)」라는 말이 나오는데, 바로 「관인대도」한 마음이 낳은 효과라고 할 것이다.

❼ 五里霧中 (오리무중)

五里霧中 다섯 **五** 이수 **里** 안개 **霧** 가운데 **中**

짙은 안개 속에서 길을 찾기 어렵듯 무슨 일에 대해서 알 길이 없음.

「오리무중」이란 말은 너무 흔하게 쓰이는 말이다. 5리나 안개가 끼어 있는 속이니 방향과 위치를 알 까닭이 없다. 그래서 범인의 행방이나 단서를 잡지 못하는 것을 흔히 오리무중이란 말로 표현한다.

《후한서》 장해전(張楷傳)에 나오는 말이다.

장해는 후한 중엽 사람으로 이름 있는 학자였다. 제자도 많고 귀인과 학자들 중에 친구도 많았지만, 벼슬하는 것이 싫어서 산 속에 숨어 살고 있었다. 장해가 산 속에 숨어 산 뒤에 새로 즉위한 순제(順帝)가 그의 덕행과 지조를 높이 평가하여 하남태수로 부임하라는 칙서를 보냈으나 장해는 병을 핑계로 끝내 벼슬에 오르지 않았다.

장해는 또한 천성이 도술을 좋아해서 능히 오리안개를 일으킬 수 있었다. 그런데 그때 배우(裵優)란 자가 있어서, 그 역시 삼리안개를 일으킬 수가 있었다. 그러나 아무리 해도 장해의 오리무에는 미치지 못하는지라 장해의 제자가 되기를 청했다. 그러나 장해는 자취를 감추고 그를 만나 주지 않았다.

그 뒤 배우는 안개를 일으키며 나쁜 짓을 하고 돌아다니다가 관에 붙들려 취조를 받게 되었다. 이때 배우는 장해가 자기를 만나 주지 않은 데 앙심을 품고, 안개를 일으키는 재주를 장해에게 배웠다고 진술했다.

이로 인해 장해도 감옥에 들어가게 되었는데, 곧 사실무근임이 밝혀져 무사히 풀려나와 일흔 살까지 살다 죽었다고 한다.

❽ 兵家常事 兵家常事 병사 兵 집 家 항상 常 일 事

(병가상사)

이기고 지는 것에 크게 개의치 말고 최선을 다하는 것이 중요하다.

상대가 없는 싸움은 없다. 하나가 이기면 하나가 지기 마련이다. 승패는 동시에 성립된다. 승패가 없이 비긴다는 것은 드문 일이요, 또 정상이 되지 못한다. 전쟁을 직업처럼 알고 있는 병가(兵家)로서는 이기고 지고 하는 것을 당연한 일로 알고 있어야 한다.

배 도

전쟁이나 경쟁이나 경기나 그 밖의 모든 사회활동에 있어서 성공과 실패는 언제나 따라다니기 마련이다. 그러므로 승리나 성공을 거두었다고 해서 과히 기뻐할 것도 없는 일이며, 또 패배나 실패를 맛보았다고 해서 절망하거나 낙심할 필요도 없는 것이다. 특히 전쟁에 패하고 낙심한 임금이나 장군들을 위로하기 위해 항상 인용되곤 하는 먼 옛날부터 전해진 말인 것 같다.

《당서》 배도전(裵度傳)에 있는 말이다.

당 황제가 싸움에 지고 온 배도에게 한 말이다.

「한 번 이기고 한 번 지는 것은 병가에서 늘 있는 일이다(一勝一敗 兵家常事)」

전쟁에 패하여 낙심하고 있는 임금이나 장군을 위로하기 위해 고전 역사서에 자주 인용되는 말이다.

이 말은 결국 싸움에 있어서 승패 자체가 중요하지만, 그 싸움에 임하는 자세와 승패 후에 오는 마음가짐이 더 중요하다는 뜻으로 쓰인다.

패배나 실패를 염두에 두지 않는 싸움처럼 무모한 싸움은 없다. 꼭 이긴다, 꼭 성공한다 하고 일을 시작하는 사람처럼 어리석은 사람은 없다. 성공했을 때와 실패했을 때를 똑같이 염두에 두고 그 다음의 대책을 강구해 두지 않는 사람은 비록 성공을 해도 그 성공을 성공으로 끝맺기가 어려운 법이다.

그러나 두 경우를 다 염두에 두고 만일의 경우에 대비한 사람이라면 비록 실패를 했더라도 그 실패는 성공의 밑거름이 되는 것이다. 결국 승패 자체가 문제가 아니라, 그 승패에 임하는 자세와 승패를 맛본 뒤의 마음가짐이 더욱 중요한 것이다. 따라서 「승패병가상사」는 위로와 훈계와 격려와 분발을 모두 포함하는 말이다.

20. 恭惟鞠養 豈敢毁傷 (공유국양 기감훼상) 恭惟鞠养 岂敢毁伤

❶ 洗耳恭聽 (세이공청)

❷ 人惟求舊 (인유구구)

❸ 鞠躬盡瘁 (국궁진췌)

❹ 存心養性 (존심양성)

❺ 豈敢毁傷 (기감훼상)

❻ 安敢生心 (안감생심)

❼ 巢毁卵破 (소훼난파)

❽ 暗箭傷人 (암전상인)

풀 이

❶ 洗耳恭聽 (세이공청) 洗耳恭听 씻을 **洗** 귀 **耳** 공손할 **恭** 들을 **聽**

「귀를 씻고 공손하게 듣는다」는 뜻으로, 다른 사람이 하는 말을 매우 공경하는 마음으로 듣는 것을 말한다.

진(晉)나라의 황보밀(皇甫謐)의 《고사전(高士傳)》에 나오는 다음 이야기에서 유래하였다.

고사(高士)는 「품행이 고상한 선비」 또는 「재야의 은둔자」를 뜻하는 말로 「은사(隱士)」와 같은 의미로 쓰인다. 일반적으로 중국 고대(특히 전국시대 이후)의 「사(士)」는 주로 문인 사대부를 지칭한다.

중국 전설상의 성천자(聖天子) 요(堯)임금은 허유(許由)에게 왕위를 물려주려 했으나 허유가 이를 받아들이지 않고 기산으로 들어가 버리자 다시 그에게 구주(九州)의 장(長)을 맡아달라고 하였다. 이 말을 전해들은 뒤 허유는 산 아래에 있는 영수강(潁水江)에서 귀를 씻었다.

허유 세이도(洗耳圖, 淸 화가 예전)

그때, 허유의 친구 소부(巢父)가 강가로 송아지에게 물을 먹이러 왔는데, 허유에게 왜 귀를 씻고 있는지 물었다.

허유는 친구 소부에게 왕위와 벼슬을 거절한 과정을 처음부터 끝까지 설명하며 「깨끗하지 않은 말을 듣고 어찌 귀를 씻지 않겠는가?」라고 말하였다. 소부는 깨끗하지 않은 말을 듣고 귀를 씻은 물도 더럽혀졌으므로 송아지의 입도 더럽혀지겠다고 비웃으며 소에게 물을 먹이지 않고 가버렸다.

「세이공청」은 다른 사람의 말을 비웃을 경우에 쓰이기도 한다.

❷ 人惟求舊(인유구구) 人惟求旧 사람 **人** 생각할 **惟** 구할 **求** 예 **舊**

옷은 새 옷이 좋고 사람은 옛사람이 좋다는 뜻으로, 인물을 구하려면 사물에 통달한 대대로 나라에 공로가 있는 사람을 구하라는 말.

옛 동료를 다시 만나 함께 일하기를 바람. 《서경(書經)》 반경(盤庚).

❸ 鞠躬盡瘁(국궁진췌) 鞠躬尽瘁 굽힐 **鞠** 몸 **躬** 다할 **盡** 병들 **瘁**

「몸을 굽혀 모든 힘을 다하며 죽은 후에야 그만둔다」는 뜻으로, 나라를 위하여 죽을 때까지 몸과 마음을 다 바친다는 말이다.

제갈량(諸葛亮)의 후출사표(後出師表) 가운데 있는 「국궁진췌 사이후이(鞠躬盡瘁 死而後已)」라는 유명한 구절이다.

여기서 「사이후이(死而後已)」는 죽은 뒤에야 일을 그만둔다는 뜻으로, 살아 있는 한 그만두지 않는다는 말이다.

《삼국지(三國志)》에 나오는 이야기다.

제갈량이 위(魏)나라를 공격하기 전에 한 말에서 유래한다. 제갈량은

촉한(蜀漢)의 소열제(昭烈帝) 유비 현덕의 「삼고초려」에 감명을 받고 그의 천하 경략을 돕기 위해 온 힘을 쏟기로 결심하였다. 이런 결심은 유비가 죽고 그의 아들 유선(劉禪)에게도 마찬가지로 충의를 다하였다.

제갈량 북벌 조소(彫塑)

촉한(蜀漢)의 승상(丞相)이었던 제갈량이 당시 위(魏)나라와의 1차 북벌에서 실패한 후, 전세를 재정비한 후에 후주(後主) 유선(劉禪)에게 올린 두 번째 상소문이다. 이것이 바로 「후출사표」다.

「한(漢)나라의 위업은 익주(益州) 같은 변경에 안주할 수가 없습니다. 반드시 위나라를 멸하여 천하를 통일하고 왕업을 중원에 확립해야 합니다. 신은 이 위업을 성취하기 위해 있는 힘을 다하여 죽음으로써만이 그만둔다(死而後已)는 각오로 출정합니다.」

「사이후이(死而後已)」는 제갈량이 왕업을 이룩하기 위해서는 목숨이 붙어 있는 한 진력(盡力)한다는 데서 유래하듯이 어떤 일을 할 때 최선을 다한다는 뜻도 들어 있다.

「후출사표」는 이렇게 끝을 맺고 있다.

「무릇 일이 이와 같아 미리 헤아려 살피기란 실로 어렵습니다. 신은 다만 엎드려 몸을 돌보지 않고 죽을 때까지 애쓸 뿐 그 이루고 못 이룸, 이롭고 해로움에 대해서는 신의 총명이 미리 예측할 수 있는 바가 아닙니다(凡事如是 難可逆見 臣 鞠躬盡瘁 死而後已 至於成敗利鈍 非臣之明

所能逆覩也)」

❹ 存心養性 存心养性 있을 **存** 마음 **心** 기를 **養** 성품 **性**

(존 심 양 성)

양심을 잃지 않고 그대로 간직하여 하늘이 주신 본성을 키워 나감.

「존심양성」은 「존기심양기성(存其心養其性)」이란 맹자의 말에서 온 것으로, 그 마음, 즉 양심을 잃지 말고 그대로 간직하여, 그 성품, 즉 하늘이 주신 본성을 키워 나간다는 뜻이다.

《맹자》 진심상 맨 첫 장에 맹자는 이렇게 말하고 있다.

「그 마음을 다하는 사람은 그 성품을 알게 되고, 그 성품을 알면 곧 하늘을 안다(盡其心者 知其性也 知其性則知天矣)」

「그 마음을 간직하고 그 성품을 기르는 것은 그것이 하늘을 섬기는 것이 된다. 일찍 죽고 오래 사는 것에 상관없이 몸을 닦아 기다리는 것은, 그것이 곧 명을 세우는 것이다」

맹자가 말한 이 대목은 《중용》의 첫 장을 읽는 것 같은 느낌을 준다.

《중용》에는「하늘이 주신 것이 성품이다(天命之謂性)」라고 했는데, 맹자는, 「마음을 간직하고 성품을 기르는 것이 곧 하늘을 섬기는 것이다」라고 했다.

신동(神童) 강희장(江希張)은 아홉 살 때에 한 그의 주석에서 이렇게 말하고 있다.

「성품은 사람이 하늘로부터 받은 것이다…… 그것은 얼굴도 없고 빛깔도 없다. 보통 사람은 기질(氣質)과 물욕(物欲)의 가린 바가 되어 이를 알지 못한다. ……마음은 성품의 중심점이다. 그것은 지각(知覺)을 맡고 있다. 사람이 하늘이 주신 성품을 가지고 기운을 받고 얼굴을 이루게 된 뒤로는 마음이 곧 성품을 대신해서 일을 하게 된다. 하늘이 주신 성품으로 흘러나오는 정각(正覺)이 곧 도심(道心)이다」

즉 사람이 양심의 명령대로만 하게 되면 곧 천성을 알게 되고, 천성을 안다는 것은 곧 하늘을 아는 것이다. 그러므로 양심을 잃지 말고 간직하여 하늘이 주신 타고난 성품을 올바로 키워 나가는 것이 곧 하늘을 섬기는 길이란 것이다.

일요일만 교회에 나가 하늘을 섬기는 형식적인 신앙보다 이 얼마나 절실한 참다운 신앙이 되겠는가. 그의 일거일동이 다 양심에 따른 것이라면, 그것은 곧 하늘을 함께 하고 하늘에 순종하는 길이니, 행동 자체가 곧 기도의 자세인 것이다.

❺ 豈敢毁傷(기감훼상) 豈敢毁伤 어찌 **豈** 굳셀 **敢** 헐 **毁** 다칠 **傷**

부모(父母)께서 낳아 길러 주신 이 몸을 어찌 감히 훼상할 수 없음.

《천자문》에 있는 말이다.

「살피고 길러주신 것을 공손히 생각하니, 어찌 감히 헐고 다치겠는가(恭惟鞠養 豈敢毁傷)」

자식은 부모의 은공을 잊지 말고 부모가 물려준 신체발부를 훼손하지 말아야 한다는 말이다. 《효경(孝經)》에 있는

증 삼

공 자

공자의 말이다.

「무릇 효란 덕의 근본이요, 가르침은 여기에서 비롯된다. 내 너에게 일러줄 테니 다시 앉거라. 사람의 신체와 터럭과 살갗은 부모에게서 받은 것이니, 이것을 손상시키지 않는 것이 효의 시작이다(身體髮膚受之父母, 不敢毁傷孝之始也). 몸을 세워 도를 행하고 후세에 이름을 날림으로써 부모를 드러내는 것이 효의 끝이다. 무릇 효는 부모를 섬기는 데서 시작하여 임금을 섬기는 과정을 거쳐 몸을 세우는 데서 끝나는 것이다」

수신(修身)의 근본정신은 효에서 시작된다. 사람의 자식이라면 누구나 신체발부를 부모로부터 받았으며, 부모는 또 온갖 고난을 무릅쓰며 자식에게 옷을 입히고 젖과 밥을 주어 양육하였다. 그 은공을 생각한다면 자기 몸을 아끼고 사랑해야 한다.

증자는 부모가 주신 신체를 함부로 상하거나 다치게 하지 않는 것이 효(孝)의 기본이라는 자신의 철학을 죽음 직전에까지 실천했다. 그는 병이 위독하여 죽음이 가까워지자 제자들을 불러 자신의 손과 발을 일일이 살펴보게 한 다음 비로소 안심을 하였다고 한다.

증자는 죽기 전에 자신은 부모님이 물려준 신체를 상하게 하지 않았다는 말로 자신의 인생을 마무리하며 자부심을 드러냈다.

❻ 安敢生心 (안감생심) 安敢生心　어찌 **安** 감히 **敢** 날 **生** 마음 **心**

감(敢)히 마음도 먹지 못함.

어찌 감히 그런 마음을 품을 수 있겠냐는 뜻으로, 전혀 그런 마음이 없었음을 이르는 말로서, 「언감생심(焉敢生心)」과 같은 말이다.

❼ 巢毁卵破 (소훼난파) 巢毁卵破　새집 **巢** 헐 **毁** 알 **卵** 깨뜨릴 **破**

새집이 부서지면 알도 깨진다는 뜻으로, 국가나 사회 또는 조직이나 집단이 무너지면 그 구성원들도 피해를 입게 됨을 이르는 말.

《삼국지》에 있는 이야기다.

후한 말, 중국 후한 말기의 학자. 공자의 20대 손으로, 문필에 능하고 건안칠자(建安七子)의 한 사람인 공융(孔融)은 당대 최고의 문인 중 한 사람이다. 어려서부터 총명하여 어른들을 놀라게 한 일화가 많은 그는 헌제 때 북해태수를 역임하고, 조정에 들어온 후로는 망해가는 황실을 바로 세우기 위해서 진력한 충신이다.

공융은 동탁(董卓)에 이어 조조(曹操)가 권력을 장악한 후에도 그와 사사건건 맞서며 선비의 기개를 한껏 떨쳤다. 그러자 뛰어난 인재에게는 비교적 관대한 조조도 더 이상 참지 못하고 그의 일가족을 모두 잡아 죽이라는 명령을 내리기에 이른다.

당시 공융에게는 아홉 살 난 큰 아들과 여덟 살 난 둘째가 있었다. 그의 어린 두 아들은 아버지가 잡혀가는 것을 보면서도 아무 일 없는 듯 태연하

공융 동상

게 마주앉아 장기를 두고 있었다. 가족들은 아이들이 아직 나이가 어려서 큰 화가 닥친 것을 모를 것이라 생각하고 그들에게 빨리 피신하라고 재촉했지만, 두 아이는 태연하게 이렇게 말했다.

「둥지가 허물어지는 판인데 어찌 알이 깨지지 않고 배기겠습니까(安有巢毁而卵不破者乎)?」

그러면서 두 아들은 당당하게 아버지와 함께 잡혀가 처형을 당했다. 이를 구경하던 사람들은 눈물을 흘리지 않는 이가 없었다고 한다.

「소훼난파(巢毁卵破)」는 새집이 부서지면 알도 깨진다는 뜻으로, 국가나 사회 또는 조직이나 집단이 무너지면 그 구성원들도 피해를 입게 됨을 이르는 말로서, 「수신제가(修身齊家)」 또는 「가화만사성(家和萬事成)」과도 뜻이 통하는 말인 것 같다. 언제나 가정과 직장, 내가 속해 있는 모든 곳에서 조직과 집단의 화목과 안정을 위해 힘써야 할 것이다.

❽ 暗箭傷人(암전상인) 暗箭伤人 어두울 **暗** 화살촉 **箭** 해칠 **傷** 사람 **人**

「몰래 활을 쏘아 사람을 해친다」라는 뜻으로, 남몰래 흉계를 꾸며 남을 해치는 일을 비유하는 말이다

암전난방(暗箭難防)이라고도 하는데, 남몰래 꾸민 계략은 예방하기 어

렵다는 뜻이다.

《춘추좌씨전》 은공(隱公) 11년에 있는 이야기다.

춘추시대 정(鄭)나라에서 허(許)나라를 공격하던 해의 일이었다.

어느 날, 정장공(鄭莊公)이 군사들을 사열할 때 노장군 영고숙(潁考叔)과 청년장군 공손자도(公孫子都) 사이에 서로 병거(兵車)를 차지하겠다고 옥신각신하면서 다투던 중 결국 영고숙이 이를 빼앗고 말았다. 이 일로 말미암아 공손자도는 영고숙에게 앙심을 품게 되었다.

그 해 여름, 정나라 군사들은 왕명을 받들어 허나라의 도읍으로 쳐들어갔다. 백전노장 영고숙은 군대의 선봉에 서서 용감하게 싸워 마침내 대군을 이끌고 성벽을 기어오르기 시작하였다. 이때 공손자도는 영고숙이 전공을 독차지할까 싶어 뒤에서 화살을 날려 그를 쏘아 죽이고 말았다.

이렇게 해서 이때부터 사람들은 비열한 수단으로 사람을 해치거나 뒤에서 남을 헐뜯는 행위를 가리켜 「암전상인」이라고 일컫게 되었다.

21. 女慕貞烈 男效才良 女慕貞烈 男效才良

(여모정열 남효재량)

❶ 男(남) 負(부) 女(여) 戴(대)

❷ 思(사) 慕(모) 不(불) 忘(망)

❸ 元(원) 亨(형) 利(이) 貞(정)

❹ 秋(추) 霜(상) 烈(열) 日(일)

❺ 男(남) 效(효) 才(재) 良(량)

❻ 東(동) 施(시) 效(효) 嚬(빈)

❼ 才(재) 占(점) 八(팔) 斗(두)

❽ 家(가) 貧(빈) 思(사) 良(양) 妻(처)

풀 이

❶ 男負女戴(남부여대) 男負女戴 사나이 **男** 질 **負** 계집 **女** 일 **戴**

남자는 짐을 지고 여자는 짐을 인다는 뜻으로, 가난한 사람들이나 재난을 당한 사람들이 마땅히 살 만한 곳이 없어 온갖 고생을 무릅쓰고 이리저리 거처할 곳을 찾아 안쓰럽게 돌아다니는 모습을 등에 지고 머리에 인다는 비유를 들어 표현한 말이다.

「남부여대」보다 뜻이 약하기는 하지만, 아침에는 북쪽의 진(秦)나라에서, 저녁에는 남쪽의 초(楚)나라에서 지낸다는 뜻으로, 일정한 주소가 없이 유랑함. 또는 이편에 붙었다 저편에 붙었다 함을 비유적으로 이르는 뜻의 「조진모초(朝秦暮楚)」도 비슷한 말이다.

바람 속에서 식사를 하고, 이슬을 맞으며 잠을 이룸. 즉 모진 고생을 비유한 「풍찬노숙(風餐露宿)」도 어렵게 산다는 점에서는 남부여대와 통한다.

또 「동쪽 집에서 먹고 서쪽 집에서 잔다」는 뜻으로, 먹을 곳, 잘 곳이 없어 떠돌아다니며 이집 저집에서 얻어먹고 지낸다는 「동가식서가숙(東家食西家宿)」도 비슷한 의미의 말이다. 「동가식서가숙」은 자기의 잇속을 차리기 위해 지조 없이 이리저리 빌붙음을 가리키는 말로도 쓰인다.

❷ 思慕不忘(사모불망) 思慕不忘 생각 **思** 그리워할 **慕** 아닐 **不** 잊을 **忘**

사모하여 잊지 않음

❸ 元亨利貞 (원형이정)

元亨利貞 으뜸 **元** 형통할 **亨** 이로울 **利** 곧을 **貞**

하늘이 갖추고 있는 4가지 덕 또는 사물의 근본 원리를 말한다.

《주역(周易)》에서 말하는 건(乾)의 네 가지 원리. 곧 사물(事物)의 근본 원리라는 말인데, 원(元)은 만물의 시작(始)으로 봄(春)에 속하고 인(仁)이며, 형(亨)은 만물의 성장(長)으로, 여름(夏)에 속하고 예의(禮)이며, 이(利)는 만물의 이룸(遂)으로, 가을(秋)에 속하고 의(義)이며, 정(貞)은 만물의 완성(成)으로 동(冬)에 속하고 지(智)가 됨.

《주역》 건괘(乾卦) 문언전(文言傳)에 있는 말이다.

「元은 착함이 자라는 것이요, 亨은 아름다움이 모인 것이요, 利는 의로움이 조화를 이룬 것이요, 貞은 사물의 근간이다. 군자는 인(仁)을 체득하여 사람을 자라게 할 수 있고, 아름다움을 모아 예에 합치시킬 수 있고, 사물을 이롭게 하여 의로움과 조화를 이루게 할 수 있고, 곧음을 굳건히 하여 사물의 근간이 되게 할 수 있다. 군자는 이 네 가지 덕을 행하는 고로 건(乾)은 원형이정이라고 하는 것이다(元者 善之長也 亨者 嘉之會也 利者 義之和也 貞者 事之幹也 君子體仁足以長人 嘉會足以合禮 利物足以和義 貞固足以幹事 君子行此四德 故曰 乾 元亨利貞)」

「원형이정」은 보통 만물이 처음 생겨나서 자라고 삶을 이루고 완성되는, 사물의 근본원리를 말한다. 여기서 元은 만물이 시작되는 봄(春)에, 亨은 만물이 성장하는 여름(夏)에, 利는 만물이 이루어지는 가을(秋)에, 貞은 만물이 완성되는 겨울(冬)에 해당된다. 또한 「원형이정」은 각각 인・의・예・지(仁義禮智)를 뜻하기도 한다.

④ 秋霜烈日 (추상열일)

秋霜烈日 가을 **秋** 서리 **霜** 더울 **烈** 날 **日**

가을의 찬 서리와 여름의 뜨거운 햇살이라는 뜻으로, 형벌(刑罰)이 엄하고 권위가 있음을 비유적으로 이르는 말

⑤ 男效才良 (남효재량)

男效才良 사내 **男** 본받을 **效** 재주 **才** 좋을 **良**

남자는 재주 있고 어진 사람을 본받는다.

《천자문》에 있는 말이다.

「여자는 지조가 굳고 곧은 것을 사모하고, 남자는 재주 있고 어진 사람을 본받는다(女慕貞烈 男效才良)」

재주와 능력을 지닌 남자들은 높은 벼슬과 녹봉만 주면 이 나라에서 저 나라로 옮겨 다니는 배신행위를 밥 먹듯이 했고, 미모를 갖춘 여자들은 여러 왕과 제후들을 옮겨 다니면서 음란한 행동과 잔인한 짓을 서슴지 않고 저질렀다.

춘추전국시대 중국 여자와 남자의 미덕(美德)은 무엇이었을까?

춘추전국시대의 현실 상황이 이렇게 험악하다 보니, 그 혼란 상황을 구제하고자 한 사상가들은 자연스럽게 가장 이상적인 인간형을 그리게 되었을 것이다. 그래서 여자의 이상형으로는 「모정열(慕貞烈)」 즉 지조가 굳고 곧은 것을 사모하고, 남자의 이상형으로는 「효재량(效才良)」 즉 재주가 있으면서 어진 사람됨을 추구한 것이다.

❻ 東施效嚬 (동시효빈)

东施效嚬 동녘 **東** 베풀 **施** 본받을 **效** 찡그릴 **嚬**

동시(東施)가 서시(西施)의 눈썹 찡그림을 본받는다는 뜻으로, 시비선악의 판단 없이 굳이 남의 흉내를 냄을 비유하는 말이다.

서시라는 미녀를 무조건 흉내 내었던 마을 여자들의 이야기에서 생겨난 말로서, 공연히 남의 흉내만 내는 일을 풍자한 것이다.

서 시

춘추시대 말 오(吳)·월(越) 양국의 다툼이 한창일 무렵, 월왕 구천이 오왕 부차의 방심을 유발하기 위해 헌상한 미희 50명 중에서 제일가는 서시(西施)라는 절색(絶色)이 있었다. 이 이야기는 그 서시에 관해서 주변에 나돌았던 이야기로 되어 있으나, 말하는 사람이 우화의 명수인 장자이므로 그 주인공이 서시가 아니라도 좋을 것이다.

《장자》 천운편에 있는 이야기는 이렇다.

서시가 어느 때 가슴앓이가 도져 고향으로 돌아갔다. 아픈 가슴을 한 손으로 누르며 눈살을 찌푸리고 걸어도 역시 절세의 미인인지라, 다시 보기 드문 풍정(風情)으로 보는 사람들을 황홀케 했다.

그것을 본 것이 마을에서도 추녀로 으뜸가는 여자인데, 자기도 한손으로는 가슴을 누르고 눈살을 찌푸리며 마을길을 흔들흔들 걸어보았으나 마을 사람들은 멋있게 보아주기는커녕 그렇지 않아도 추한 여자의 징글맞은 광경을 보고 진저리가 나서 대문을 쾅 닫아버리고 밖으로 나오려는 사람도 없었다.

그런데 이 이야기로 장자는 공자의 제자인 안연(顔淵)과 도가적(道家的) 현자로서 등장시킨 사금(師金)이란 인물과의 대화 속에서 사금이 말하는 공자 비평의 말에 관련시키고 있다.

장자 동부조상(銅浮彫像)

요컨대 춘추의 난세에 태어나서 노(魯)나 위(衛)나라에 일찍이 찬란했던 주(周)왕조의 이상정치를 재현시키려는 것은 마치 자기 분수도 모르고 서시의 찡그림을 흉내 내는 추녀 같은 것으로 남들로부터 놀림 받는 황당한 이야기라는 것이다.

「서시빈목(西施嚬目)」이라고도 한다.

❼ 才占八斗 (재점팔두)

才占八斗　재주 才 차지할 占 여덟 八 말 斗

「재주가 여덟 말을 차지한다」는 뜻으로, 글재주가 출중함을 비유하는 말이다.

사령운

학문이 높고 글재주가 비상한 경우나, 그런 사람. 천하의 글재주를 모두 한 섬이라고 한다면 위나라 조조의 아들 조식(曹植)이 여덟 말을 차지한다는 사령운(謝靈運)의 말에서 온 말이다.

사령운의 평은 송(宋)나라 때 간행된 작자 미상의 《석상담(釋常談)》이라는 책에 실려 있다. 여기서 유래하여 「재점팔두」는 다른 사람이 따르지 못할 정도의 출중한 재능이나 그러한 재능을 지닌 사람을 비유하는 말로 사용된다.

사령운은 남북조시대에 아름다운 문장으로 당대에 첫손 꼽히는 산수시인(山水詩人)이었다. 그는 조식을 평하여 이렇게 말했다.

「천하에 재능이 한 섬이 있다면, 조자건(曹子建 : 자건은 조식의 자)이 홀로 여덟 말을 차지하고, 내가 한 말, 나머지 세상 사람들이 한 말을 나누어 가진다(天下才有一石 曹子建獨占八斗 我得一斗 今天下共分一斗)」

중국의 건안문학(建安文學)을 대표하는 조식은 삼국지의 영웅 위(魏) 문제(文帝) 조조의 셋째아들로, 어려서부터 문학적 재능이 출중했다. 그래서 붓을 들어 쓰기만 하면 문장이 이루어진다는 뜻의 「하필성문(下筆成文)」이라는 말이 그에게서 유래되었다.

조조는 이처럼 글재주가 뛰어난 조식을 총애하여 맏아들 조비(曹丕)를 내놓고 그에게 왕위를 물려줄 생각까지 했다.

조조 삼부자(조조 · 조비 · 조식)

조조가 죽은 뒤 왕위에 오른 조비는 조식에게 일곱 걸음을 걷는 동안 시 한 수를 지으라고 하고는, 만일 시를 짓지 못하면 중벌을 내리겠다고 했다.

조식은 그 말이 떨어지자마자 걸음을 옮겨 일곱 걸음을 걷기도 전에 한 수의 시를 완성하였으니, 이 시가 바로 「칠보시(七步詩)」이다. 여기서 유래하여 「칠보지재(七步之才)」라는 고사가 생겨났다.

콩대를 태워서 콩을 삶으니
가마솥 속에 있는 콩이 우는구나.
본디 같은 뿌리에서 태어났건만
어찌하여 이다지도 급히 삶아대는가.

煮豆燃豆萁 豆在釜中泣　자두연두기 두재부중읍
本是同根生 相煎何太急　본시동근생 상전하태급

❽ 家貧思良妻

가빈사양처 家贫思良妻

집 **家** 가난할 **貧** 생각할 **思** 좋을 **良** 아내 **妻**

집안이 가난해지면 살림을 잘하는 어진 아내를 생각하게 된다는 뜻으로, 나라가 혼란하면 어진 재상을 생각하게 된다. 어려운 시기에는 유능하고 어진 인재가 필요하게 됨을 뜻하는 말이다. 《사기》 위세가(魏世家)에 있는 이야기다.

현부양처가(淸 화가 전혜안)

위나라 문후(文侯)가 재상 임명을 위해 이극(李克)에게 자문을 요청하면서 나눈 대화다. 위 문후가 이극에게 말했다.

「선생께서 과인에게 말씀하시기를, 『집안이 가난하면 어진 아내를 그리게 되고, 나라가 혼란하면 훌륭한 재상을 그리게 된다(家貧思良妻 國亂思良相)』 라고 하셨습니다. 제 동생인 성자(成子)와 적황(翟璜) 중 누가 재상에 적합하다고 생각하십니까?」

이에 이극은 문후에게 다음의 다섯 가지를 진언하였다.

「평소에 지낼 때는 그의 가까운 사람을 살피고, 부귀할 때에는 그와 왕래가 있는 사람을 살피고, 관직에 있을 때에는 그가 천거한 사람을 살피고, 곤궁할 때에는 그가 하지 않는 일을 살피고, 어려울 때에는 그가 취하지 않는 것을 살피십시오」

위나라 재상이 된 사람은 바로 성자(成子)였다. 비록 문후의 동생이었지만, 그는 자신의 소득 중 1할만을 생활에 쓰고, 나머지 9할은 어려운 사람들을 위해 사용하였다. (어진 아내로서의) 역할을 하였고, (어진 재상으로서도) 적임자였던 것이다. 「가빈사양처」는 어려운 시기에는 유능하고 어진 인재가 필요하게 된다는 것을 뜻한다.

22. 知過必改 得能莫忘 知过必改 得能莫忘

(지과필개 득능막망)

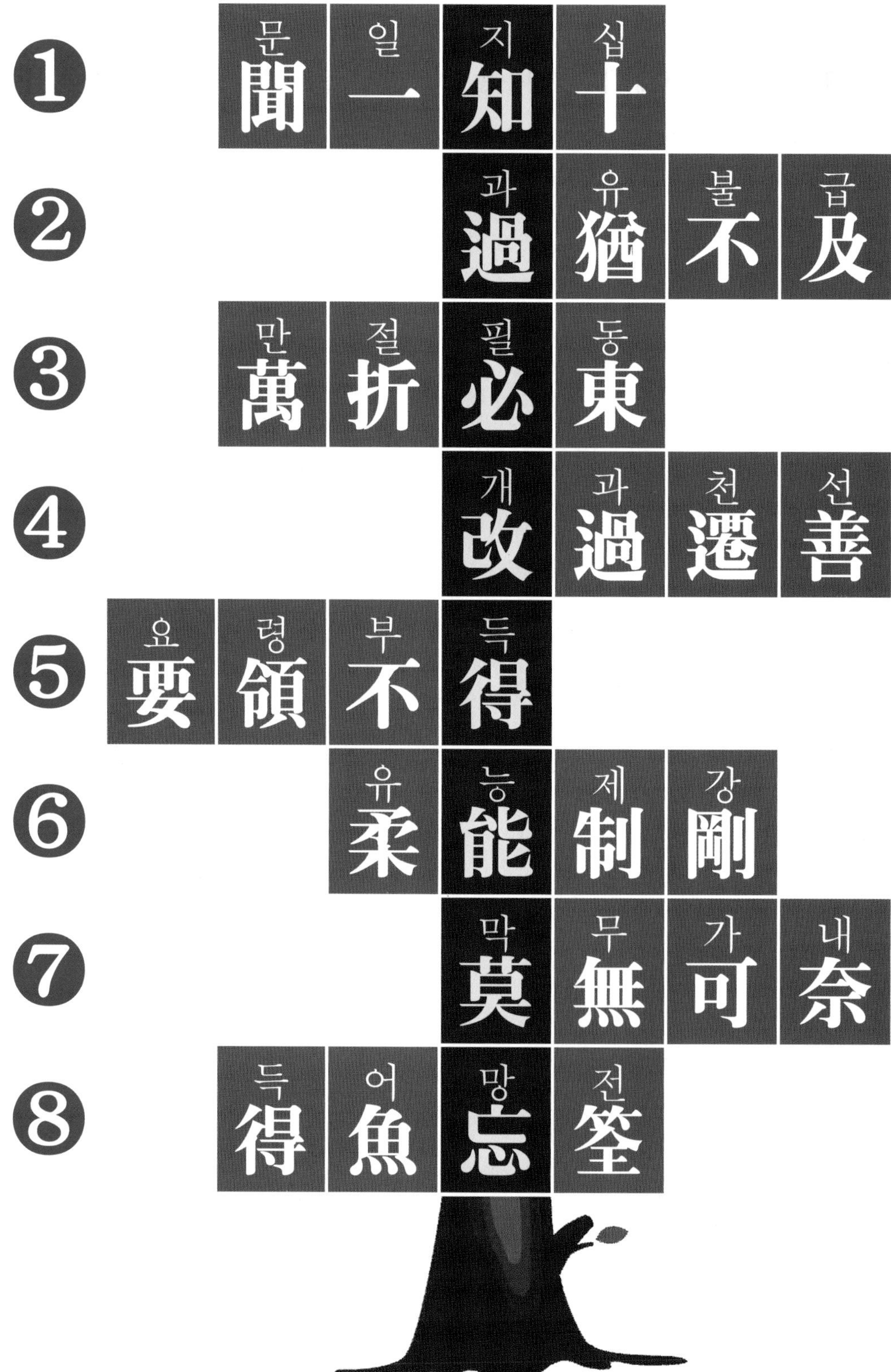

풀 이

❶ 聞一知十 (문일지십) 闻一知十　　들을 **聞** 한 **一** 알 **知** 열 **十**

하나를 듣고 열을 미루어 앎. 곧 지극히 총명함.

이 말은 《논어》 공야장편(公冶長篇)에 있는 말이다.

공자가 자공(子貢)을 불러 물었다.

「너와 안회(顔回) 둘 가운데 누가 낫다고 생각하느냐?」

자 공

공자의 제자가 3천 명이나 되었고, 후세에 이름을 남긴 제자가 72명이나 되지만, 당시 재주로는 자공을 첫손에 꼽고 있었다. 실상 안회는 자공보다 월등 나은 편이었지만, 그는 공자가 말했듯이 통 아는 기색을 하지 않는 바보 같은 사람이기도 했다. 공자는 안회와 자공을 다 같이 사랑했지만, 안회를 나무란 일은 한 번도 없었다. 항상 꾸중을 듣는 자공이 실상 속으로는 안회를 시기하고 있었을 것으로 보는 사람들도 있다. 그래서 공자는 스스로 재주를 자부하고 있는 자공이 안회를 어떻게 보고 있는가가 궁금하기도 했다. 자공은 서슴지 않고 이렇게 대답했다.

「사(賜 : 자공의 이름)가 어찌 감히 회(안회)를 바랄 수 있습니까. 회는 하나를 들으면 열을 알고, 사는 하나를 들으면 둘을 알 뿐입니다(賜也何敢望回 回也聞一以知十 賜也聞一以知二)」

안 회

하나를 들으면 열을 안다는 것은, 한 부분만 들으면 전체를 다 안다는 뜻으로 후세 사람들은 풀이하고 있다. 하나를 들으면 둘을 안다는 것은 반쯤 들으면 결론을 얻게 되는 그런 정도라고나 할까. 공자는 자공의 대답에 만족했다. 역시 자공은 알고 있구나 하는 생각이 들었다. 그래서 「네가 안회만은 못하다. 나도 네 말을 시인한다」 고 말했다.

❷ 過猶不及(과유불급) 过犹不及 지나칠 **過** 오히려 **猶** 못할 **不** 미칠 **及**

여러 가지 면에서 깊은 뜻이 있는 말이다. 경우에 따라서는 지나침이 미치지 못함만 못할 수도 있다. 배부름이 배고픔보다 물론 좋지만, 배가 너무 부르면 병이 나게 된다.

《논어》 옹야편에 나오는 이야기다.

어느 날, 제자 자장(子張)이 공자에게 이렇게 물었다.

「선비로서 어떻게 하면 『달(達)』이라고 말할 수 있습니까?」

그러자 공자는 반대로 자장에게 물었다.

「네가 말하는 『달』이란 것은 무엇을 말하는 것이냐?」

「제후를 섬겨도 반드시 그 이름이 나고, 경대부(卿大夫)의 사신(私臣)이 되어도 또한 그 이름이 나는 것을 말합니다」

「그것은 『문(聞)』이지 『달』은 아니다. 본성이 곧고 의(義)를 좋아하며, 말과 안색으로 상대편의 마음을 들여다보고 신중히 생각하여 타인에게 공손하며, 그 결과 제후를 섬기든, 경대부의 사신이 되든 그르치는 일이 없어야 『달』이라고 말할 수 있다. 그런데 인덕 있는 체하면서 도에 어긋나는 짓을 하고, 그리고서도 그에 만족하고 의심치 않는다면, 제후를 섬기든 경대부의 사신이 되든 군자라고까지 불리어진다. 이것을 『문』이라고 하는 것이다」

공자는 자장의 허영심을 꺾으려 했던 것이다. 그러자 이번에는 자공(子貢)이 공자에게 물었다.

「사(師 : 子張의 이름)와 상(商 : 子夏의 이름)은 누가 어집니까?」

「사는 지나치고 상은 미치지 못한다」 하고 공자가 대답했다.

「그럼 사가 낫단 말씀입니까?」 하고 반문하자, 공자는, 「지나침은 미치지 못함과 같다(過猶不及)」 고 말했다.

《논어》 선진편(先進篇)에 있는 말이다.

자 장

자장과 자하는 《논어》의 기록을 통해 볼 때 퍽 대조적인 인물이었다. 자장은 기상이 활달하고 생각이 진보적이었는 데 반해 자하는 만사에 조심스러우며 모든 일을 현실적으로만 생각했다.

친구를 사귀는 데 있어서도, 자장은 천하 사람이 모두 형제라는 주의로 모든 사람을 동등하게 대했는데, 자하는 「나만 못한 사람을 친구로 삼지 말라」 고 제자들에게 가르쳤다.

그러나 공자가 말한 「과유불급」은, 굳이 두 사람에게 국한된 것이

공자(왼쪽)와 노자

아니고 일반적인 원칙을 말한 것이다. 그러면 그 지나치다, 혹은 미치지 못한다 하는 표준은 어디에 두어야 할 것인가. 그것은 한 마디로 중용(中庸)인 것이다. 미치지 못하지도 않고 지나치지도 않은 중용이란 말은 다시 시중(時中)이란 말로 표현된다. 시중은 그때그때 맞게 한다는 뜻이다.

어제의 중용이 오늘에도 중용일 수는 없다. 이것이 꼭 옳다, 이렇게 하는 것이 영원불변의 진리다 하는 것은 있을 수 없는 것이다. 그것은 손으로 만져 쥐어 보일 수도 없는 것이다. 모든 것을 환히 통해 아는 성인이 아니고서는 이 시중을 행할 수 없는 것이다. 그러기에 공자는 말하기를, 천하도 바로잡을 수 있고, 벼슬도 사양할 수 있고, 칼날도 밟을 수 있지만, 중용만은 할 수 없다고 했다.

「과유불급」이란 말과 중용이란 말을 누구나 입으로 말하고 있지만, 공자의 이 참뜻을 안 사람은 드물다. 공자를 하늘처럼 받들어 온 선비란 사람들이 고루(古陋)한 형식주의와 전통주의에 빠져 시대를 그릇 인도하고 나라를 망치게 한 것도 이 과유불급과 중용의 참뜻을 이해하지 못한 때문이었다.

❸ 萬折必東(만절필동) 万折必东 일만 **萬** 꺾을 **折** 반드시 **必** 동녘 **東**

「강물이 일만 번을 꺾여 굽이쳐 흐르더라도 반드시 동쪽으로 흘러간다」는 뜻으로, 어떤 일이 곡절을 겪게 되더라도 결국은 원래 뜻대로 됨을 비유하거나, 충신의 절개를 꺾을 수 없음을 비유하는 성어로 사용된다.

동쪽으로 흐르는 황하(黃河)를 바라보고 있는 공자에게 제자인 자공(子貢)이 그 까닭을 물었다. 이에 공자는 물의 특성을 덕(德)·의(義)·도(道)·용(勇)·법(法)·정(正)·찰(察)·선(善)에 비유하고는 이렇게 말했다.

「일만 번이나 꺾여 흐르지만 반드시 동쪽으로 흘러가니 의지가 있는 것과 같다(化其萬折必東 似志)」 그러면서 군자가 큰물을 볼 때 반드시 살펴야 할 점이라고 일렀다.

황하의 강줄기는 굴곡이 심하지만, 서고동저(西高東低)인 중국 지형의 특성상 반드시 동쪽(우리나라의 서해바다)으로 흘러가는 것을 군자의 의지나 절개로 풀이한 것이다.

황하(黃河) 모친 조상(彫像)

「만수필동(萬水必東)」이라고도 한다.

❹ 改過遷善 (개과천선) 改过迁善　고칠 **改** 허물 **過** 옮길 **遷** 착할 **善**

지난날의 잘못이나 허물을 고쳐 올바르고 착하게 된다는 뜻으로, 잘못 들어선 길을 버리고 착한 사람으로 다시 태어나겠다는 결의를 실천하여 마침내 이룩함을 이르는 말. 《진서(晉書)》에 있는 이야기다.

용을 때려잡는 주처

진(晉)나라 혜제(惠帝) 때 양흠지방에 주처(周處)라는 사람이 있었는데, 태수 벼슬을 한 주처의 아버지 주방(周紡)이 그의 나이 열 살 때 세상을 떠났다. 아버지의 가르침과 보살핌을 받지 못한 그는 매일같이 방탕한 생활을 하며 지냈다. 게다가 남달리 강인한 몸에다 힘도 장사여서 걸핏하면 남을 두들겨 패는 포악한 성격이 되어 마을 사람들로부터 남산의 호랑이, 장교(長橋)의 교룡(蛟龍)과 더불어 삼해(三害)라는 달갑지 않은 평판을 듣게 되었다.

그랬던 주처가 점차 철이 들면서 자신의 허물을 깨닫고 지난 과오를 고쳐서 새 사람이 되겠다(痛改前非 重新做人)는 결심을 하였다. 하지만 마을 사람들이 그의 말을 믿지 않고 계속 피하기만 하자, 결국 마을 사람들에게 어떻게 하면 자기의 말을 믿어 주겠느냐며 하소연을 하게 되었다.

이에 마을 사람들은 그에게 이렇게 말했다.

「남산에 사는 사나운 호랑이와 장교 밑에 사는 교룡을 죽인다면 자네의 말을 믿겠네」

마을 사람들은 속으로는 눈엣가시 같은 주처가 호랑이와 교룡에게 잡아먹히기를 바라고 이런 제안을 한 것이다.

그런데 주처가 목숨을 건 사투 끝에 마침내 호랑이와 교룡을 죽이고 마을로 돌아왔으나 아무도 그를 반겨주는 사람이 없었다.

실망한 그는 마을을 떠나 동오(東吳)에 가서 학자 육기(陸機)를 만나 자초지종을 이야기하자 육기는,

「군은 의지를 지니고 지난날의 과오를 고쳐서 새사람이 된다면(改過遷善) 자네의 앞길은 무한하네」라고 격려를 해주었고, 주처는 이에 용기를 얻어 이후 10여 년 동안 학문과 덕을 익혀 마침내 학자가 되었다. 「개과자신(改過自新)」이라고도 한다. 공자 역시 「허물을 고치지 않는 것이 더 큰 허물이며, 허물을 알았으면 고치기를 꺼려 말라」고 하였다.

❺ 要領不得(요령부득) 要领不得 종요로울 **要** 옷깃 **領** 아니 **不** 얻을 **得**

말이나 글이, 목적과 줄거리가 뚜렷하지 못해 무엇을 나타내려는 것인지를 알 수 없을 때 이런 말을 쓴다. 「요령(要領)」은 요긴한 줄거리란 정도의 뜻을 가지고 있다.

그런데 옛날에는 이 「요령부득」이 두 가지 다른 뜻으로 쓰였다. 하나는 「요령(要領)」의 「요(要)」가 허리의 요(腰)와 같은 뜻으로 쓰이는 경우인데, 이때의 「요령부득」은 제 명에 죽지 못함을 말한다. 옛날에는 죄인을 사형에 처할 때, 무거운 죄를 지은 자는 허리를 베고 가벼운 죄를 지은 자는 목을 베었다. 「요」는 허리를 말하고 「령」은 목을 뜻한다. 그러

므로 「요령부득」은 허리와 목을 온전히 보존하지 못한다는 뜻이다.

그러나 오늘날 우리가 쓰는 「요령」이란 말은 옷의 허리띠와 깃을 말한다. 옷을 들 때는 반드시 허리띠 있는 곳과 깃이 있는 곳을 들어야만 옷을 얌전히 제대로 들 수 있다. 여기에서 허리띠와 깃이 요긴한 곳을 가리키는 말로 변하게 되었다.

한무제

「요령이 좋지 못하다」든가, 「요령을 모른다」든가 하는 뜻의 「요령부득」이란 말이 처음 나온 곳은 《사기》 대원전이다. 한무제(漢武帝)는 흉노를 치기 위해 장건(張騫)을 대월지국으로 보낸 일이 있다. 그러나 월지국은 흉노 땅을 거쳐야만 되기 때문에 장건은 백여 명의 수행원과 함께 곧 흉노의 포로가 된다. 거기서 10년 남짓 억류생활을 하며 흉노의 여자를 아내로 얻어 자식까지 낳는다. 그러나 장건은 흉노가 안심하고 있는 기회를 틈타 대원(大宛)으로 간다. 대원국은 한나라와 무역을 원했기 때문에 장건을 대월지국까지 안내자를 딸려 보낸다. 그때 월지의 왕이 흉노에 의해 죽었기 때문에 태자가 새로 왕으로 앉아 있었다.

신왕은 대하국(大夏國)을 정복하여 그곳에 살고 있었는데, 땅도 비옥하고 이민족의 침략도 적은 곳이었기 때문에 편안한 생활을 즐기고 있었다. 그래서 흉노에 대한 복수심도 점점 식어지고, 한나라와는 거리가 먼 관계

장건의 서역행을 그린 벽화

로 새삼 친교를 맺을 생각이 없었다. 그리하여 장건은 월지에서 대하까지 가긴 했으나, 끝내 월지왕의 참뜻이 무엇인지를 모르고 1년 남짓 있다가 돌아오고 말았다.

그러나 돌아오는 길에 다시 흉노에게 붙들려 1년 남짓 억류되어 있다가, 때마침 흉노 왕이 죽고 왕끼리 권력다툼을 하는 혼란한 시기를 틈타 탈출에 성공 무사히 조국 땅으로 돌아올 수 있었다. 한나라 수도 장안을 떠난 지 13년 만에 겨우 흉노에서 장가든 아내와 안내역으로 같이 갔던 감부(甘父)와 셋이서 돌아왔다.

그러나 요령을 얻지 못하고 돌아온 장건은 서역 문명의 소개자로 역사에 남게 되었다. 동서의 교통이 여기서 열린 것이다. 서방 국가로부터는 포도와 명마(名馬) · 보석 · 석류 · 수박, 악기인 비파 등등. 그리고 한(漢)에서는 금과 비단 등이 운반되었다. 소위 「실크로드(Silk Road)」다.

❻ 柔能制剛 (유능제강)

柔能制剛 부드러울 **柔** 능할 **能** 억제할 **制** 굳셀 **剛**

노자기우도(宋 화가 조보)

부드러운 것이 능히 강한 것을 제압한다. 이 말은 《황석공소서》라는 병서에 나오는, 「부드러운 것이 능히 단단한 것을 이기고, 약한 것이 능히 강한 것을 이긴다」 고 한 말에서 나온 말이다. 이 두 말을 합친 말로 《노자》 36장에는 이미, 「부드럽고 약한 것이 능히 단단하고 억센 것을 이긴다(柔弱勝剛强)」 고 나와 있다.

부드러운 것이 강한 것을 이긴다는 말은 얼핏 생각하면 맞지 않는 말 같지만, 큰 안목과 먼 안목으로 볼 때 강한 것은 역시 부드러운 것에 의해서만 제압될 수 있는 것이다. 사나이의 거친 성질을 꺾을 수 있는 것은 여자의 부드러운 사랑뿐이다. 우는 어린아이를 달래는 방법은 무서운 호랑이보다도 달콤한 곶감이라고 하지 않는가.

인간의 억센 감정을 억센 것으로 누른다는 것은 일시적이요 표면적인 것일 뿐 영구적이고 근본적인 것은 못된다. 손으로 비비면 깨지고 마는 한 알의 씨앗이 무거운 바위와 단단한 땅을 뚫고 싹을 내밀지 않는가. 정치도 마찬가지다. 무서운 법으로 탄압한다고 사람들이 순종하는 것은 아니다. 강철은 강한 줄로는 갈리지 않지만, 무른

숫돌에는 갈아진다.

가위는 한쪽 쇠가 물러야만 잘 드는 법이다. 무른 것을 끊을 수 있는 것은 강한 것이지만, 강한 것의 강포함을 막는 것 역시 무른 것이다. 정쟁(政爭)에 외교가 필요한 것도, 매수니 미인계니 하는 것도 다 「유능제강」의 원리에서 나온 행동의 일면이라고 볼 수 있다.

❼ 莫無可奈(막무가내) 莫无可奈 없을 **莫** 없을 **無** 옳을 **可** 어찌 **奈**

한번 정한 대로 고집하여 도무지 융통성이 없음. 어찌할 수 없음. 무가내하(無可奈何)도 같은 뜻이다.

❽ 得魚忘筌(득어망전) 得鱼忘筌 얻을 **得** 물고기 **魚** 잊을 **忘** 통발 **筌**

「도랑 건너고 지팡이 버린다」는 말이 있다. 물살이 센 도랑을 지팡이 덕으로 간신히 건너가서는 그 지팡이의 고마움을 잊고 집어던지는 인간의 공통된 본성을 예로서 말한 것이다.

통 발

우리가 흔히 비 올 때 우산을 받고 나왔다가 날이 개면

우산을 놓고 가는 것을 경험한다. 「득어망전(得魚忘筌)」도 인간의 그 같은 본성을 말한 것이다. 고기를 다 잡고 나면 고기를 잡는 데 절대 필요했던 통발(筌)은 잊고 그냥 돌아간다는 뜻이다.

어떤 목적을 달성하기 위해 남의 도움이 필요했노라고 말로도 하고 마음으로도 생각한다. 그러나 목적을 달성하고 성공을 거둔 뒤에는 내가 언제 그런 도움이 필요했더냐는 듯이 시치미를 떼거나 까맣게 잊고 만다.

배은망덕(背恩忘德)이란 말이 있다. 배은은 심한 경우이겠지만, 망덕은 누구나가 범하기 쉬운 인간 본연의 일면이 아닐까 싶다. 깊이 반성할 일이다.

장 자

이 「득어망전」은 《장자》 외물편(外物篇)에 있는 말이다.

「가리는 고기를 잡기 위한 것이다. 그러나 고기를 잡으면 가리는 잊고 만다(筌者所以在魚 得魚而忘筌). 덫은 토끼를 잡기 위한 것이다. 그러나 토끼를 잡으면 덫은 잊고 만다. 말은 뜻을 나타내기 위한 것이다. 그러나 뜻을 나타낸 뒤에는 말은 잊고 만다. 나는 어떻게 하면 말을 잊는 사람을 만나 함께 이야기할 수 있을까」 하고 말을 잊은 사람과 이야기하기를 원하고 있다.

말을 잊는다는 것은, 말에 구애받지 않는다는 뜻이다. 시비와 선악 같은 것을 초월한 절대의 경지에 들어가 있는 사람을, 장자는 말을 잊은 사람으로 보는 것이다.

여기서는 「득어망전」이, 말을 잊은 것과 같은 자연스럽고 모든 것을 초월한 좋은 뜻으로 쓰이고 있다.

장자와 같이 반대의 입장에서 세상을 바라보는 사람으로서는 인간의 그러한 일면이 당연하고도 자연스런 것이 될 수도 있다. 그러나 장자가 보는 그 당연한 일면을, 속된 우리들은 인간의 기회주의적인 모순성을 드러내는 것으로 보는 것이다.

하여간 좋든 나쁘든, 인간이 「득어망전」의 공통성을 지니고 있는 것만은 사실이다.

23. 罔談彼短 靡恃己長 罔谈彼短 靡恃己长

망담피단 미시기장

❶		창 蒼	황 黃	망 罔	조 措	
❷			가 街	담 談	항 巷	설 說
❸			지 知	피 彼	지 知	기 己
❹			척 尺	단 短	촌 寸	장 長
❺	망 望	풍 風	이 而	미 靡		
❻			미 靡	시 恃	기 己	장 長
❼			극 克	기 己	복 復	례 禮
❽	교 敎	학 學	상 相	장 長		

풀이

❶ 蒼黃罔措 (창황망조) 苍黄罔措 푸를 **蒼** 누를 **黃** 없을 **罔** 둘 **措**

너무 급하여 어찌할 수 없음. 갑자기 뜻밖의 사고나 어려운 일을 당하여 어찌할 바를 모르고 당황하는 것을 말한다.

같은 뜻으로, 창황망극(蒼黃罔極)・경황망조(驚惶罔措)・당황망조(唐慌罔措)・망지소조(罔知所措)가 있다.

❷ 街談巷說 (가담항설) 街谈巷说 거리 **街** 말씀 **談** 거리 **巷** 말씀 **說**

길거리나 세상 사람들 사이에 떠도는 이야기나 뜬소문을 이르는 말.

가(街)는 도시의 번화가, 항(巷)은 골목을 이르는 말이다. 거리의 뜬소문이라는 뜻의 「街談」과 항간에 떠도는 말이라는 뜻을 지닌 「巷說」을 반복하여 강조한 성어(成語)로 길거리나 민중들 사이에 근거 없이 떠도는 소문을 이르는 말이다.

후한(後漢) 초의 역사가 반고(班固)의 《한서》 예문지(藝文志)에서 소설(小說)에 대한 설명 가운데 나오는 말이다.

「소설은 패관으로부터 나왔으며 가담항설과 도청도설로 만들어졌다(小說者流 蓋出於稗官 街談巷說 道聽塗說之所造也)」

소설은 민간의 풍속이나 정사를 살피려고 임금이 하급관리인 패관(稗官)에게 「가담항설」을 모아 기록하게 함으로써 생겨났다. 세상 이야기나 길거리의 뜬소문은 길에서 듣고 말하는 사람들이 만들어낸 것이다.

패관은 한(漢)나라 때 민간에 떠도는 이야기를 기록하여 정리해 상부에 보고하는 일을 담당한 벼슬아치이다. 「가담항설」이나 「도청도설(道聽塗說)」을 모아 만들어진 소설은, 패관들이 소문과 풍설을 주제로 하여 자기 나름의 창의와 윤색(潤色)을 덧붙여 설화문학(說話文學) 형태로 쓴 패관문학(稗官文學)이다.

「도청도설(道聽塗說)」(길에서 들은 일을 길에서 이야기한다는 뜻으로, 무슨 말을 들으면 그것을 깊이 생각지 않고 다시 옮기는 경박한 태도를 이르는 말)과 비슷한 말이다.

❸ 知彼知己 (지피지기) 知彼知己 　　알 **知** 저 **彼** 자기 **己**

자기와 상대방의 정황에 대해 잘 알다. 적을 알고 나를 알아야 한다는 뜻으로, 적의 형편과 나의 형편을 자세히 알아야 한다는 말이다.

「지피지기백전불태(知彼知己百戰不殆)」라고 해서, 적을 알고 나를 알면 백 번 싸워도 위태롭지 않다는 뜻이다.

손무(孫武)는 춘추시대 오왕 합려의 패업(覇業)을 도운 불세출의 병법가로서, 오늘날 「손자병법」을 만든 유명한 인물이다. 그는 초(楚)나라의 병법가로서 전국시대에 활약한 오기(吳起 : 오자)와 함께 병법의 시조로 일컬어진다.

손무의 저서 《손자》는 병법 칠서(七書) 중에서 가장 뛰어난 병서로 13편으로 되어 있다. 계(計)·작전(作戰)·모공(謀攻)·군형(軍形)·병세(兵勢)·허실(虛實)·군쟁(軍爭)·구변(九變)·행군(行軍)·지형(地形)·구지(九地)·화공(火攻)·용간(用間)이 그것이다.

「병(兵)은 국가의 대사(大事), 사생(死生)의 땅, 존망(存亡)의 길」이라는 입장에서 국책(國策)의 결정, 장군의 선임을 비롯하여 작전·전투 전반에 걸쳐 격조 높은 문장으로 간결하게 요점을 설명하고 있다. 그 뜻하는 바는 항상 주동적 위치를 점하여 싸우지 않고 승리하는 것을 주로 하고, 또 사상적인 뒷받침도 설하고 있어 병서로서는 모순을 느낄 만큼 비호전적(非好戰的)인 것이 특징이다.

손 무

《손자》 모공편(謀攻篇)에 있는 말이다.

「적의 실정을 알고 아군의 실정도 안 다음 싸운다면 백 번을 싸워도 결코 위태롭지 않다(知彼知己 百戰不殆). 적의 실정은 모르고 아군의 실정만 알고 싸운다면 승패는 반반이다(不知彼而知己 一勝一負). 적의 실정을 모르고 아군의 실정까지 모르면 싸울 때마다 모두 질 것이다(不知彼不知己 每戰必敗)」

손자는, 싸움터에서 병사들을 희생시켜 가면서 피로 물든 전투를 한 뒤에 적을 이기는 것은 전술로서 하급(下之下)이라고 말한다. 즉 싸우지 않고 이기는 것, 이것이 손자가 이상으로 하는 전략이다. 따라서 손자는 「시계편(始計篇)」에서는 무모한 전쟁에 대한 경계를 이야기하였으며, 「작전편(作戰篇)」에서는 전쟁이 나라와 백성들에게 주는 막대한 손실과 함께 부득이하게 전쟁을 할 경우 되도록 빨리 끝내야 할 필요성에 대해 서술하고 있다.

그리고 「모공편」은 적군에게 이기는 방법, 즉 여러 가지 승리의 방법이 적혀 있다. 그 가운데 최선의 승리는 아군의 피해가 전혀 없는, 싸우지 않고 승리하는 것이라고 하였다. 그러기 위해서는 계략으로 적군의 전의(戰意)를 꺾어야 할 것을 지적하였다.

병성손무(兵聖孫武)

손자는 결코 백전백승(百戰百勝)이라는 것을 상책으로 삼지 않았다. 백 번 싸워 백 번 이기는 것은 상의 상책이 아니다. 싸우지 않고서 적의 군대를 굴복시키는 것이 상의 상책이다. 그러므로 으뜸가는 군대는 계략으로 적을 친다. 그 다음가는 군대는 서로 친다. 또 그 다음가는 군대는 적병을 치며, 그 아래의 군대는 성을 공격한다(百戰百勝 非善之善者也 不戰而屈人之兵 善之善者也 故上兵伐謀 其次伐交 其次伐兵 其下攻城).

「으뜸가는 군대는 계략으로 적을 친다」는 것은 최상의 전쟁 방법을 말한다. 이것은 계략으로, 싸우지 않고 적을 굴복시키는 것이다. 「서로를 친다」는 것은 차선책으로서, 상대편의 동맹국으로 하여금 중립적인 입장을 취하게 하는 것이다.

즉, 상대편을 고립시켜 원조가 없는 상황으로 모는 방법이다. 그 다음이 싸움터에서 적과 대결하는 일이다. 그러나 상대편에게도 전략과 계략이 있으므로 항상 최선의 방법을 쓸 수는 없다. 왜냐하면, 상의 상책인 사람이 아닌 이상 백전백승의 길만을 생각할 수는 없기 때문이다.

그러기 위해서는 피아(彼我)를 잘 비교 검토한 다음에 전투에 임할 것을 권하고 있다. 여기서 지피지기를 위한 구체적인 방법은 간첩(間諜)의 이용이다.

중국 역사상 누구보다도 먼저 간첩의 중요성을 역설한 이가 바로 손자이다. 손자가 말한 대로 싸우지 않고 이기기 위해서는 먼저 지피를 하여야 하는데, 이 지피는 적에 대한 정보가 필수이다.

따라서 상대편에 대한 정보의 입수를 위해서는 간첩의 활용이 우선이다.

「용간편(用間篇)」에는 이 간첩에 대한 이야기가 전문적으로 다루어져 있다. 손자가 말하는 간첩에는 향간 · 내간 · 반간 · 사간 · 생간의 다섯 종류가 있다. 간략하게 요약해 보면 다음과 같다.

향간(鄕間) : 상대국의 주민을 고용하여 첩보활동을 벌이다.

내간(內間) : 관리를 고용하는 것이다. 현대의 고정간첩과 같은 개념.

반간(反間) : 일종의 이중간첩이라고 할 수 있는데, 역정보를 흘리기 위해 이용한다.

사간(死間) : 반간보다 조금 더 복잡한 것으로 배반할 가능성이 있는 간첩이다. 그에게 거짓 정보를 주어 상대국에 보고하도록 하며, 이로 인해 적의 손에 처형되도록 한다.

생간(生間) : 상대국의 정보를 탐지한 뒤에 살아 돌아와 상세하게 보고할 수 있는 간첩을 말한다. 제일 중요한 간첩이다.

❹ 尺短寸長 (척단촌장) 尺短寸长 자 尺 짧을 短 마디 寸 길 長

사람이나 물건은 장점도 있고 단점도 있음을 비유하는 말.

「자(尺)도 짧을 때가 있고, 치(寸)도 길 때가 있다」라는 뜻으로, 이 말은 원래 초(楚)나라의 굴원(屈原)이 지은 《초사(楚辭)》 복거(卜居)에서 유래되었다.

굴 원

굴원은 한때 왕의 총애를 받아 고위 관직에 오르기도 하였으나, 주위의 시기와 참언으로 관직을 박탈당하고 유배생활을 하였다. 그는 태복(太卜) 정첨윤(鄭詹尹)에게 답답한 심정을 토로하면서 끝까지 충정을 지키는 것이 좋은지, 아니면 뜻을 굽히는 것이 좋은지 점을 쳐 달라고 부탁했다.

그러자 정첨윤은 이렇게 대답했다.

「무릇 자도 짧을 때가 있고, 치도 길 때가 있으며, 물건도 부족할 때가 있고, 지혜도 밝지 못할 때가 있으며, 점복(占卜)도 미치지 못하는 것이 있고, 신령함도 통하지 못하는 것이 있습니다(夫尺有所短 寸有所長 物有所不足 智有所不明 數有所不逮 神有所不通)」

《사기》 백기왕전열전에서 사마천은 이렇게 말하고 있다.

「속담에 『자(尺)도 짧을 때가 있고 치(寸)도 길 때가 있다(尺短寸長)』고 했다. 백기는 적의 힘을 헤아려 사변(事變)과 적응한 기계(奇計)를 짜내어 씀으로써 그 이름을 천하에 떨쳤다. 그러나 그것으로도 응후(應侯)와의 사이를 좋게 만들지는 못했다. 왕전은 진나라의 장군이 되어 여섯 나라를 평정했다. 당시 왕전은 진나라의 노련한 장수로서 시황제조차도 그를 스승으로 받들었다. 그러나 진시황을 보필하여 덕을 세우고 나라의 기틀을 튼튼히 할 수는 없었고, 단지 구차하게 진시황의 환심을 사가며 한평생을 마치는 데 지나지 않았다. 그의 손자 왕이에 이르러 항우에게 잡힌 몸이 된 것도 이유가 없는 것은 아니었다. 그들에게는 각각 단점이 있었던 것이다」

왕 전

1촌은 약 2. 3센티미터이며, 1척은 10촌이므로 약 33센티미터다. 척은 촌에 비하면 10배나 길지만 실제 용도에서는 오히려 짧아서 모자라는 경우도 있고, 촌은 척에 비하면 10분의 1에 불과하지만 실제 용도에서는 충분히 사용하고도 길이가 남는 경우도 있다.

이와 마찬가지로 지혜로운 사람도 어떤 일에는 어리석은 사람보다 쓸모가 없고, 어리석은 사람도 어떤 일에는 지혜로운 사람보다 더 쓸모가 있는 경우도 있다는 뜻이다. 여기서 유래하여 「척단촌장」은 사람이나 물건에는 저마다 장단점이 있으며, 일의 종류나 상황의 변화에 따라 장단점이나 우열이 다르게 나타날 수 있음을 비유하는 말로 사용된다.

❺ 望風而靡 (망풍이미)

望风而靡 바라볼 **望** 바람 **風** 말 이을 **而** 쓰러질 **靡**

멀리 바라보고 놀라서 싸우지도 않고 흩어져 달아남. 높은 덕망을 듣고 우러러 사모하여 반항하거나 반역하려는 마음을 버리고, 스스로 돌아서서 따라오거나 복종함. 《한서(漢書)》

❻ 靡恃己長 (미시기장)

靡恃己长 말 **靡** 믿을 **恃** 몸 **己** 긴 **長**

자신의 장점을 믿지 말라.

《천자문》에 있는 말이다.

「남의 단점에 대하여 말하지 말고, 자신의 장점을 믿지 말라(罔談彼短 靡恃己長)」

남 모자라는 점 말하지 말고 내 좋은 점 믿지 말라. 남의 단점을 말하지 말 것이며, 나의 장점을 믿지 말라는 말이다. 그렇지 않으면 덕을 손상하고 말 것이다. 곧 남을 높여주고 스스로를 낮추라는 말도 된다. 군자가 되는 길은 멀리 있지 않다.

맹자는 일찍이, 「남의 단점을 말하다가 후환을 얻으면 어찌하려나」 하였다. 이러한 태도만 꾸준히 지키면 군자가 될 수 있다.

《서경(書經)》 열명(說命)편에 있는 말이다.

중국 고대 3왕조 중 상(商 : 殷)나라 22대 임금 무정(武丁)과 명재상 부열(傅說)에 관한 일이다. 어느 날 재상(宰相) 부열이 무정 임금에게 말했다.

「스스로 자신을 선(善)하다고 하는 것은 이미 그 선(善)함을 잃은 것입니다(厥善 喪厥善)」

부 열

고종(高宗) 무정 임금은 훗날 성천자(聖天子)로 불릴 만큼 나라를 잘 다스렸는데, 그것은 부열이라는 명재상이 있었기 때문이다.

❼ 克己復禮(극기복례) 克己復礼 이길 **克** 자기 **己** 돌아갈 **復** 예의 **禮**

과도한 욕망을 누르고 예절을 좇음. 「극기(克己)」는 이 「극기복례」에서 나온 말이다.

《논어》 안연편에 있는 말로, 공자가 가장 사랑하고 아끼며 자기의 도통(道統)을 이을 사람으로 믿고 있던 안연이 인(仁)에 대해 물었을 때 대답한 말이다.

「나를 이기고 『예(禮)』로 돌아가는 것이 『인(仁)』이다. 하루만 나를 이기고 『예』로 돌아가면 천하가 『인』으로 돌아온다. 『인』을 하는 것은 나에게 있다. 남에게 있는 것이 아니다」

이 「극기」와 「복례」에 대해서는 여러 가지 학설이 있다. 그러나 대개 자신을 이긴다는 것은 이성(理性)으로 인간의 육체적인 욕망을 극복하는 것으로 풀이될 수 있고, 「복례」의 「예」는 천지 만물의 자연을 말하는 것으로, 무아(無我)의 경지를 말한 것이라 볼 수 있다.

《대학》에 나오는 격물치지(格物致知)란 것도 결국 이 「극기복례」와 같은 뜻으로 풀이할 수 있다. 특히 뒤이어 하루만 극기복례를 하면 천하가 다 「인(仁)」으로 돌아온다고 한 말은, 육신으로 인한 모든 욕망이 완전히 사라지고 무아의 경지가 하루만 계속되게 되면 그 때는 천하의 모든 진리를 다 깨달아 알게 된다는 이른바 성도(成道)를 말한 것이라 볼 수 있다.

공 자

공자는「인」이란 말을 「도(道)」란 말과 같은 뜻으로 사용해 왔다고 볼 수 있는데, 많은 제자들이 이 「인」에 대해 질문을 해 왔지만, 그 때마다 공자는 그들 각각의 정도에 따라 다른 대답을 했다. 안연에 대한 이 대답이 가장 「인」의 최고의 경지를 지적한 것으로 생각된다.

공자는 또 다른 곳에서 제자들을 놓고 이렇게 평했다.

「회(回 : 안연의 이름)는 석 달을 『인』에서 벗어나지 않았고, 그 나머지 사람들은 혹 하루에 한 번, 한 달에 한 번 잠시 인에 이를 뿐이다」

하루를 계속 무아의 경지에 있을 수 있는 사람이면 한 달도 석 달도 계속될 수 있는 일이다. 석 달을 계속 무아의 경지에 있은 안연이라면 그것은 아주 성도(成道)한 성자의 지위에 오른 것을 말한 것이라 볼 수 있다.

공자의 이와 같은 대답에 안연은 다시 그 구체적인 것을 말해 달라고 청했다. 여기서 공자는,

「『예(禮)』가 아니면 보지도 말고, 예가 아니면 듣지도 말고, 예가 아니면 말도 하지 말고, 예가 아니면 움직이지도 말라」고 했다.

안 회

불경에 있는 문자를 빌린다면 인간의 모든 감각인 육식(六識)을 떠남으로써 참다운 진리를 깨달을 수 있다는 말일 것이다.

안연의 성도(成道)의 경지를 말한 것으로 보이는 데에 이런 것이 있다. 자한편(子罕篇)에 보면 안연이 혼자 이렇게 탄식해 말하고 있다.

「바라볼수록 높고, 뚫을수록 여물다. 앞에 있는 것만 같던 것이 홀연 뒤에 가 있다. ……그만두려 해도 그만둘 수가 없어 내 있는 재주를 다한다. 무엇이 앞에 우뚝 솟아 있는 것만 같아 아무리 잡으려 해도 잡히지를 않는다」

이 말을 풀이한 주석에 이렇게 적혀 있다.

「극기복례의 공부를 시작한 뒤, 석 달을 『인』에 벗어나지 않던 그때의 일이다」라고. 이 말은 보리수 밑에 가부좌를 틀고 앉은 석가모니의 성도(成道)의 과정도 바로 이런 것이 아니었던가 하는 생각이 든다.

그러나 오늘 우리가 쓰고 있는 「극기(克己)」는 극히 초보적이고 또

극히 넓은 의미로 쓰이고 있다.

❽ 教學相長(교학상장) 教学相长 가르칠 **教** 배울 **學** 서로 **相** 나아갈 **長**

가르치고 배우면서 서로 성장함.

중국에서 「예(禮)」의 본질과 의미에 대해서 상세하게 기록한 《예기》 학기(學記)편에 이런 내용이 있다.

「좋은 안주가 있더라도 먹어 보아야만 그 맛을 알 수 있다. 또한 지극한 진리가 있다 하더라도 배우지 않으면 그것이 왜 좋은지 알지 못한다. 따라서 배워 본 이후에 자기의 부족함을 알 수 있으며, 가르친 이후에야 비로소 어려움을 알게 된다. ……그러기에 가르치고 배우면서 성장한다(教學相長)고 하는 것이다」

스승과 제자는 한쪽은 가르치기만 하고 다른 한쪽은 배우기만 하는 상하관계가 아니라, 스승은 제자에게 가르침으로써 성장하고 제자 역시 배움으로써 나아진다는 것이다.

벼는 익을수록 고개를 숙인다. 이 말은 배움이 깊을수록 겸손해진다는 뜻이다. 학문이 아무리 깊다고 해도 직접 가르쳐 보면 자신이 미처 알지 못하는 부분이 적지 않다는 것을 알 수 있다. 그렇게 되면 스승은 부족한 것을 더 공부하여 제자에게 익히게 하며, 제자는 스승의 가르침을 받아 훌륭한 인재로 성장한다.

공자는 일찍이 「후생가외(後生可畏)」라는 말을 했다. 곧 나중에 태어난 사람은 두려워할 만하다는 말로, 그만큼 젊은 사람들의 가능성은 무궁무진하다는 의미이다 공자의 이 말은 공자보다 서른 살이 아래인 안자(顔

공자의 제자들

子)의 재주와 덕을 칭찬해서 한 말이라고도 한다. 그러나 역시 이것은 하나의 진리가 아닐 수 없다.

24. 信使可覆 器欲難量 信使可覆 器欲难量

신사가복 기욕난량

❶ 信(신) 使(사) 可(가) 覆(복)

❷ 咸(함) 興(흥) 差(차) 使(사)

❸ 後(후) 生(생) 可(가) 畏(외)

❹ 前(전) 車(거) 覆(복) 轍(철)

❺ 大(대) 器(기) 晩(만) 成(성)

❻ 欲(욕) 速(속) 不(부) 達(달)

❼ 衆(중) 口(구) 難(난) 防(방)

❽ 車(거) 載(재) 斗(두) 量(량)

풀 이

❶ 信使可覆(신사가복) 信使可覆 믿을 **信** 하여금 **使** 옳을 **可** 덮을 **覆**

약속은 지킬 수 있어야 한다.

《천자문》에 있는 말이다.

「약속은 지킬 수 있게 하고, 그릇은 헤아리기 어렵게 하고자 한다(信使可覆 器欲難量)」

이 말은 공자의 모습을 닮은 제자 유약(有若)에게서 나온 말이다.

《사기(史記)》 중니제자열전에 있는 말이다.

유약이 말했다.

「약속이 도리에 가깝다면, 그 말을 이행할 수가 있고, 공손함이 예에 가깝다면 치욕을 멀리할 수 있다. 의지할 때에도 친할 만한 사람을 잃어버리지 않는다면 역시 그를 존경할 수 있다」

유 약

공자가 세상을 떠났어도 제자들은 사모함을 그치지 않았다. 유약의 용모가 공자와 비슷했던 까닭에 제자들은 모두 유약을 스승으로 추대하고 공자의 생전과 똑같이 했다. 어느 날 한 제자가 다가와서 물었다.

「지난 날 선생님께서 외출하실 때 제자에게 우산을 준비시켜 들고 다니게 하셨습니다. 그런데 도중에서 과연 비가 왔기에 제자가 『선생님께서는 비가 올 것을 어떻게 미리 아셨습니까?』라고 묻자, 선생님께서는

『《시(詩)》에 나와 있지 않느냐. 달이 필(畢 : 별 이름)에 걸리면 큰비가 내린다고. 어젯밤은 달이 필에 걸려 있었다』라고 대답하셨습니다. 그런데 어느 날 달이 필에 걸렸는데도 끝내 비는 내리지 않았습니다. 또 상구(商瞿)는 나이가 많았는데도 아들이 없었습니다. 그래서 구의 어머니는 다시 아내를 맞이하라고 했습니다. 선생님께서 구를 제(齊)나라에 보내려고 했을 때 그의 어머니는 뒷날로 미뤄 달라고 부탁했습니다. 그러자 선생님께서 말씀하셨습니다. 『걱정할 것 없소. 구는 마흔 살 이후에 다섯 아들을 낳을 것이오』라고. 그 후 과연 선생님의 예언대로 되었습니다. 삼가 묻겠는데, 선생님은 어떻게 이런 일을 미리 아실 수 있었습니까?」

유약은 대답을 하지 못하고 묵묵히 있었다. 그러자 제자가 일어나서 말했다.

「유자(有子)여, 그 자리를 떠나시오. 그곳은 당신이 앉을 자리가 아니오」

이 이야기로 제자들이 천문(天文)과 인사(人事)를 내다볼 수 있었던 공자의 안목을 무척 그리워했음을 알 수 있다. 그래서 유약이 외모뿐만 아니라 공자의 학문적 능력까지 닮아주기를 바랐는데, 그렇지 못하자 크게 실망한 것이다.

❷ 咸興差使(함흥차사) 咸兴差使 다 **咸** 일어날 **興** 어긋날 **差** 시킬 **使**

「함흥에 보낸 사신」이라는 뜻으로, 심부름을 보낸 사람도 돌아오지 않고 어떠한 소식도 전해오지 않음을 이르는 말.

조선의 건국조인 태조(太祖) 이성계(李成桂), 그이 다섯 번째 아들로 태어난 이방원(李芳遠), 그는 대대로 무장(武將)을 배출한 이성계 가문의 유일한 문과 급제자로 어려서부터 부친의 희망이었다.

이방원 덕분에 혁명에 성공을 거두어 왕위에 오르지만, 후에는 그 때문에 사랑하는 아들들을 잃기도 하였다. 두 차례에 걸친 왕자의 난 때문이었다. 이에 조정 생활에 회의를 품은 태조는 왕위를 넘겨준 후 함흥으로 들어가 은둔생활을 한다.

형식적으로 형 정종(定宗)에게 왕위를 넘겨주었다가 불과 2년 만에 조선 3대 왕에 오른 태종(太宗) 이방원은 아버지 태조에게 사과를 하기 위해 사신을 보낸다. 그러나 태종에 대한 원망과 분이 풀리지 않은 이성계는 태종이 보낸 사신을 죽이기도 하고 잡아 가두기도 해서 돌려보내지 않았다.

이로부터 나온 표현이 「함흥차사」다. 함흥에 파견된 사신은 한번 가면 깜깜소식이라는 고사에서 비롯되었다.

《택리지(擇里志)》에 있는 이야기다.

태조가 방원에게 크게 노하여 정종에게 왕위를 물려준 뒤 가까운 신하를 거느리고 함흥으로 가버렸다. 그 후 오래지 않아 정종이 다시 이방원에게 왕위를 물려주었다.

태조 이성계

태종 이방원이 왕위에 오른 뒤 태조 이성계에게 대궐로 돌아오기를 청하는 사신을 보내면 태조는 사신이 오는 대로 모조리 베어 죽였다. 이러기를 무릇 10년이나 되니 임금이 걱정이 심하였다.

그리하여 태조가 세력을 잡기 전 이성계의 마을 친구였던 판승추부사(判承樞府事) 박순을 사신으로 삼아 함흥에 보냈다.

박순은 먼저 새끼 딸린 암말을 구해 가지고 가서 망아지는 태조가 있는 궁문과 마주 보이는 마을 어귀에 매어두고 어미 말만 타고 갔다. 궁문 밖에 이르러서는 말을 매놓은 다음 들어가 태조를 뵈었다. 궁문은 그리 깊숙하지 않았다. 그러는 동안에 망아지는 어미 말을 바라보면서 울부짖었고, 어미 말도 또한 뛰면서 길게 소리쳐서 매우 시끄러웠다.

태종 이방원

태조가 괴이하게 여겨서 물었다. 박순이 따라서 아뢰었다.

「신이 새끼 딸린 어미 말을 타고 오다가 망아지를 마을에다 매어놓았더니, 망아지는 어미 말을 향해 울부짖고 어미 말은 새끼를 사랑하여 저렇게 울고 있습니다. 지각없는 동물도 저와 같은데 지극하신 자애를 가지신 성상께서 어찌 주상의 심정을 생각지 않으십니까?」

태조는 감동하여 한참 있다가 돌아가기를 허락하였다. 그리고 덧붙이기를, 「그대는 내일 새벽닭이 울기 전에 이곳을 떠나서 오전 중으로 빨리 영흥의 용흥강을 지나도록 하라. 그렇지 않으면 그대는 죽음을 면치 못하리라」 하였다.

박순은 그날 밤에 말을 달려 되돌아갔다.

태조가 여러 번이나 사자를 베어 죽였으므로 태조를 모신 여러 관원과 조정의 여러 신하들은 서로 사이가 좋지 않았다.

이튿날 아침에 여러 관원이 박순을 베어 죽이기를 청하였지만, 태조는 허락지 않았다. 그래도 여러 차례 고집하므로 태조는 박순이 이미 영흥을 지나갔으리라 짐작하고 허락하면서 「만약에 용흥강을 지났거든 죽이지 말고 돌아오너라」 고 하였다.

사자가 말을 빨리 달려 강가에 도착하니 박순이 방금 배에 타는 참이었다. 사자는 박순을 뱃전에 끌어내어 베어 죽였다. 박순은 형(刑)을 받을 때 사자에게 이렇게 말하였다.

「신은 비록 죽으나 성상께서는 식언(食言)하시지 마시기를 원합니다」

태조는 그의 뜻을 불쌍하게 여겨 곧 서울로 돌아간다는 명을 내렸다. 태종이 이를 의리로 여겨 박순의 충성을 정표(旌表)하고 그의 자손에게 벼슬을 주는 녹용(錄用)을 하였다.

❸ 後生可畏 (후생가외) 后生可畏 뒤 **後** 날 **生** 옳을 **可** 두려울 **畏**

젊은 세대들이 무한한 잠재력을 가지고 발전해 옴의 비유.

후생(後生)은 뒤에 난 사람. 즉 자기보다 나이가 어린 사람을 말한다. 「후생이 가외(可畏)」는 이제 자라나는 어린 사람이나, 수양과정에 있는 젊은 사람들이 두렵다는 말이다.

《논어》 자한편에 있는 공자의 말이다. 두렵다는 것은 무섭다는 뜻이 아니고 존경한다는 뜻이 있다.

「뒤에 난 사람이 두렵다. 어떻게 앞으로 오는 사람들이 지금만 못할

안 회

줄을 알 수 있겠는가. 나이 4, 50이 되었는데도 이렇다 할 이름이 알려져 있지 않는 사람은 별로 두려워할 것이 못된다(後生可畏 焉知來者之不如今也 四十五十而無聞焉 斯亦不足畏也已)」

공자의 이 말은 공자보다 서른 살이 아래인 안자(顔子)의 재주와 덕을 칭찬해서 한 말이라고도 한다. 그러나 역시 이것은 하나의 진리가 아닐 수 없다. 미지수란 항상 커나가는 사람, 커나가는 세력에 있는 것이다. 하찮게 여겼던 사람이 커서 자기보다 더 훌륭하게 된 예는 너무도 많다.

④ 前車覆轍(전거복철)

前車覆轍 앞 **前** 수레 **車** 뒤집을 **覆** 바퀴자국 **轍**

앞의 수레가 엎어진 바퀴자국이 「전거복철」이다. 「앞 수레가 엎어진 바퀴자국은 곧 뒤 수레의 경계가 된다(前車覆轍 後車之戒)」는 말에서 나온 것이다. 이 말은 먼저 사람들의 실패를 보게 되면 뒷사람들은 똑같은 실패를 거듭하지 않게 된다는 뜻이다.

이 말은 《한서》 가의전(賈誼傳)에 있는 가의의 상소문 중에 나오는 말이다. 이 말이 나오는 부분을 소개하면 다음과 같다.

「속담에 말하기를 『관리노릇하기가 익숙지 못하거든 이미 이뤄진 일을 보라』 했고, 또 말하기를 『앞 수레가 넘어진 것이 뒷 수레의 경계가 된다』고 했습니다(鄙諺曰 不習爲吏 視已成事 又曰 前車覆 後車戒). ……

진나라 세상이 갑자기 끊어진 것은 그 바퀴자국을 볼 수 있습니다. 그런데도 이를 피하지 않으면 뒷 수레가 또 넘어지게 될 것입니다.」

처음 하는 일이 익숙지 못하면 앞 사람의 한 일을 보고 실수가 없도록 할 것이며, 앞차가 넘어진 것을 보았으면 그 차가 지나간 바퀴자국을 피해 가야만 넘어지지 않는다는 뜻이다. 결국 남의 실패를 거울 삼아 똑같은 실수를 범하지 않는 것이 현명한 길이니 과거의 역사와 남이 실패한 일들을 주의해서 같은 과오를 범하지 말라는 뜻이다. 「전거지감(前車之鑑)」이라고도 한다.

가의 고거(故居)

비슷한 뜻으로, 「남의 실패를 본보기로 삼아야 한다」는 「은감불원(殷鑑不遠)」이라는 성어가 있다.

❺ 大器晩成 (대기만성)

大器晩成 큰 **大** 그릇 **器** 늦을 **晩** 이룰 **成**

크게 될 사람은 늦게 이루어진다.

《노자(老子)》 제41장에 있는 말이다.

「……크게 모난 것은 귀가 없고, 큰 그릇은 늦게 이루어지며, 큰 소리는 울림이 잘 들리지 않고, 큰 모양은 형체가 없다……」

이것이 「대기만성」이란 말이 나오는 대목만을 딴 것인데, 이보다 앞

노자 출관도

에 나오는 말을 전부 소개하면 이렇다. 위대한 사람은 도를 들으면 이를 실천하고, 보통 사람은 도를 들으면 반신반의하게 된다. 그리고 가장 못난 사람은 도를 들으면 아예 믿으려 하지 않고 코웃음만 친다. 코웃음을 치지 않으면 참다운 도가 될 수 없다. 그러기에 옛사람의 말에도,

「밝은 길은 어두운 것처럼 보이고, 앞으로 나아가는 길은 뒤로 물러나는 길로 보이며, 평탄한 길은 험하게 보인다. 높은 덕은 낮게 보이고, 참으로 흰 것은 더러운 것으로 보이며, 넓은 덕은 좁은 것처럼 보이고, 견실한 덕은 약한 것처럼 보이며, 변하지 않는 덕은 변하는 것처럼 보인다……」

이 말 다음에 먼저 말한 부분이 계속되는데, 여기에 나와 있는 「대기만성」의 본래의 뜻은 「큰 그릇은 덜 된 것처럼 보인다」는 뜻이다. 말하자면 원래 위대하고 훌륭한 것은, 보통 사람의 눈이나 생각으로는 어딘가 덜 된 것 같고, 그 반대인 것처럼 느껴진다는 것이다.

그러나 보통 「대기만성」은 글자 그대로 더디 이뤄진다는 뜻으로도 풀이되고 있어, 사업에 실패하거나 불운에 빠져 있는 사람을 위로해서 말할 때 흔히 이 「대기만성」이란 문자를 쓴다. 더 큰 성공을 위한 실패란 뜻일 것이다.

❻ 欲速不達 (욕속부달)

欲速不达 하고자 할 **欲** 빠를 **速** 아니 **不** 도달할 **達**

「욕속부달」이니 「욕교반졸(欲巧反拙)」이니 하는 말은 흔히 쓰이는 말이다. 너무 서두르면 도리어 일이 진척되지 않는 것이 「욕속부달」이고, 너무 좋게 만들려다가 오히려 그대로 둔 것만 못한 결과를 가져오게 되는 것이 「욕교반졸」이다.

「욕속부달」이란 말은 《논어》 자로편(子路篇)에 나오는 공자의 말이다. 제자 자하(子夏)가 거보(莒父)라는 고을의 장관이 되자, 공자를 찾아와 정치하는 방법을 물었다. 그러자 공자는 이렇게 말했다.

자 하

「빨리 하려 하지 말고 작은 이익을 보지 말라. 빨리 하려 하면 일이 잘 되지 않고, 작은 이익을 보면 큰 일이 이루어지지 않는다(無欲速 無見小利 欲速則不達 見小利則大事不成)」

큰일이든 작은 일이든 마음이 조급하면 제대로 되지 않는다. 「욕속(欲速)」은 빨리 하는 행동을 말하는 것이 아니고, 얼른 성과를 올리려는 성급한 마음을 말한 것이다.

마음은 천근처럼 늘어지고 행동은 빨라야만 좋은 성과를 올릴 수 있다. 특히 정치는 근본 문제를 장기적으로 다뤄야 하기 때문에 단순한 명령이나 법률로써 효과를 보려 하면 혼란만 초래하게 된다.

더디더라도 서서히 한 가지씩 올바르게 고쳐 나가야만 비로소 바라는 성과를 얻게 되는 것이다. 큰일을 하는 사람이 눈앞에 보이는 작은 이익에 눈을 돌리면 큰일을 할 수 없게 된다.

정치하는 사람은 원대한 포부를 가지고 장기적인 투자를 하지 않는 한 좋은 꽃과 열매를 얻지 못한다.

공자는, 자하가 눈앞에 보이는 빠른 효과와 작은 이익에 집착하는 성격을 가지고 있기 때문에 이같이 말하게 된 것인데, 사람은 대부분 이 같은 결점을 지니고 있다.

또 청나라 때 마시방이 쓴 《박려자(朴麗子)》라는 책에는 「욕속부달」과 관련된 재미난 이야기가 있다.

어느 날 해질 무렵, 귤 장수 한 사람이 귤을 한 짐 지고 성안으로 바쁜 걸음을 옮기고 있었다. 귤 장수는 성문이 닫히기 전에 성에 닿을 수 없을까봐 몹시 서둘렀다. 그는 너무나 마음이 다급해서 지나가던 행인에게 물었다.

「이보시오, 성문이 닫히기 전에 내가 성안에 들어갈 수 있겠소?」

그러자 행인이 말하기를, 「좀 천천히 걸으면 성안에 들어갈 수 있지요」 하고 대답하는 것이었다.

그는 행인이 일부러 자기를 조롱하는 줄 알고 화가 나서 더욱 빨리 걷다가 그만 발을 잘못 디뎌서 넘어지고 말았다. 그 바람에 귤이 땅바닥에 쏟아져 여기저기로 굴러가 버렸다. 그래서 그는 땅거미가 지는 한길에서 귤을 하나하나 줍느라고 결국 성문이 닫히기 전에 성에 닿지 못했다는 것이다.

행인은 귤 장수가 너무 허둥대는 것을 보고 안쓰러워 「욕속부달」을 염려했던 것이다.

❼ 衆口難防(중구난방) 衆口难防 무리 **衆** 입 **口** 어려울 **難** 막을 **防**

「중구난방」은 많은 사람들이 마구 떠드는 소리를 감당할 수 없다는 뜻이다. 그러나 지금은 이 말을 부사로 사용하는 경우가 많다. 즉 여러 사람이 질서 없이 마구 떠들어댈 때,

「중구난방으로 이렇게 떠들 것이 아니라, 우리 차근차근 이야기합시다」하는 경우를 예로 들 수 있다. 이 경우 「중구난방」은 「제멋대로」라는 뜻이 된다. 말하자면 명사가 부사로 바뀐 것뿐 본래의 뜻에 별 차이는 없다.

이 말을 직접 쓴 것은 춘추시대 송나라 사마(司馬) 화원(華元)이다. 그가 성을 쌓는 일을 독려하기 위해 나와 있을 때, 군중들이 그가 적국의 포로가 되었다가 돌아온 것을 비웃어 노래를 불렀다.

소공 석(召公奭)

그러나 마음이 너그러운 그는 군중들을 꾸짖는 일이 없이 「뭇 입은 막기 어렵다(衆口難防)」라고 그만 나타나지 않았다. 그의 그러한 태도가 대중에게 좋은 반향을 일으켜 그는 국민들의 존경을 받게 되었다는 것이다.

그러나 이 말은 그가 처음 쓴 말이 아니고, 옛날에 이미 있었던 말을 짤막하게 표현한 것이라 볼 수 있다.

《십팔사략》에 보면 소공(召公)이 주 여왕(周厲王)의 언론 탄압 정책을 간하여 이렇게 말하고 있다.

「백성의 입을 막는 것은 내를 막는 것보다 더한 바가 있습니다(防民之口 甚於防川). 내가 막혔다가 터지면 사람을 많이 상하게 됩니다. 백성들도 역시 마찬가지입니다. 그러므로 내를 다스리는 사람은 물이 흘러내리도록 하고, 백성을 다스리는 사람은 생각하는 대로 말을 하게 해야 합니다」

그러나 여왕은 소공의 말을 듣지 않고 함구령(緘口令)을 계속 밀고 나갔다. 그로 인해 폭동을 만나 도망친 곳에서 평생을 갇혀 사는 결과를 가져왔고, 그가 갇혀 있는 동안 대신들의 합의에 의해 정치를 한다 해서 이것을 공화(共和)라 불렀다. 이것이 공화정치의 가장 오랜 역사라 볼 수 있다.

또 《국어》 정어(鄭語)에는 재상 자산(子産)의 말이라 하여, 「백성의 입을 막는 것은 내를 막는 것보다 더 심한 것이 있다」고 해서 같은 말이 나와 있다. 결국 「중구난방」은 이 「심어방천(甚於防川)」이란 말에서 나온 것 같다.

❽ 車載斗量(거재두량) 車載斗量 수레 **車** 실을 **載** 말 **斗** 잴 **量**

「수레에 싣고 말로 잰다」라는 뜻으로, 인재가 아주 많음을 비유하여 이르는 말이다. 《삼국지》 오지(吳志)에 있는 이야기다.

삼국시대 촉의 장수 관우(關羽)가 오나라 장수 여몽(呂蒙)의 술책에 빠져 전사하고 뒤이어 장비(張飛)마저 죽자 유비(劉備)는 70만 대군을 이끌고 수륙 양 방향에서 오나라를 공격하였다. 이에 손권은 대경실색(大驚失

色)해서 중대부 조자(趙咨)를 위(魏)나라에 보내 원군을 청하게 되었다. 손권은 조자를 떠나보낼 때 원조를 청하기는 하지만 절대로 나라의 자존심이 손상당하는 일이 없도록 하라고 당부하였다.

조자가 위의 수도 허도에 가서 위문제를 알현하자, 과연 위문제 조비(曹丕)는 언사가 불손하기 그지없었고, 태도 역시 오만불손하기 이를 데 없었다. 그러나 조자는 예의를 깍듯이 하면서, 또한 조비의 모욕적인 언사에 대해서도 눈 하나 깜짝하지 않고 조목조목 논리정연하게 반박했다. 이에 조비는 속으로 감탄해 마지않으면서 태도를 바꾸어 공손한 어조로 물었다.

장비 조상(彫像)

「오나라에는 그대와 같은 인재가 얼마나 있는가?」

조자는 기회를 놓칠세라 대답하기를,

「총명이 남다른 사람은 8, 90명쯤 되고, 나와 같은 사람은 수레로 실어내고 말로 잴 정도로 많습니다」 하였다고 한다.

25. 墨悲絲染 詩讚羔羊 (묵비사염 시찬고양) 墨悲丝染 诗讚羔羊

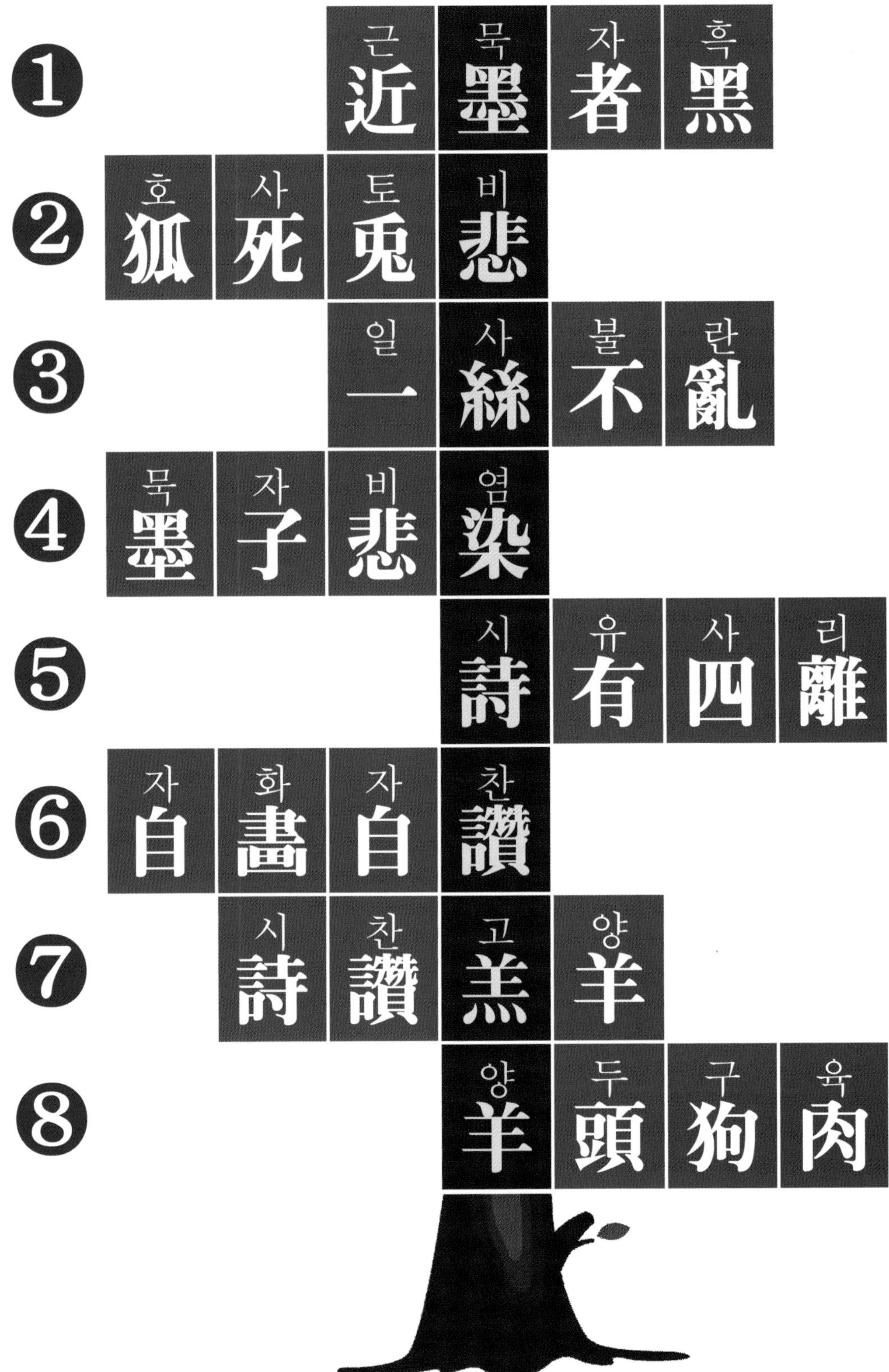

풀 이

❶ 近墨者黑 (근묵자흑) 近墨者黑 가까울 **近** 먹 **墨** 놈 **者** 검을 **黑**

먹을 가까이 하다 보면 자신도 모르게 검어진다는 뜻으로, 사람도 주위 환경에 따라 변할 수 있다는 것을 비유한 말이다. 훌륭한 스승을 만나면 스승의 행실을 보고 배움으로써 자연스럽게 스승을 닮게 되고, 나쁜 무리와 어울리면 보고 듣는 것이 언제나 그릇된 것뿐이어서 자신도 모르게 그릇된 방향으로 나아가게 된다는 것을 일깨운 말이다. 서진(西晉) 때의 문신・학자인 부현(傅玄)의 《태자소부잠(太子少傅箴)》에 있는 말이다.

「무릇 쇠와 나무는 일정한 형상이 없어 겉틀에 따라 모나게도 되고 둥글게도 된다. 또 틀을 잡아 주는 도지개가 있어 도지개에 따라 습관과 성질이 길러진다. 이런 까닭으로 주사(朱砂)를 가까이 하면 붉게 되고, 먹을 가까이 하면 검게 된다(故近朱者赤 近墨者黑). 소리가 조화로우면 울림이 맑고, 형태가 곧으면 그림자 역시 곧다」

정몽주

또한 고려의 충신 정몽주의 어머니 이씨 부인이 지은 시다. 아들이 혼탁한 조정에서 고통 받는 모습을 안타깝게 여겨 지은 것이다.

까마귀 싸우는 골에 백로야 가지 마라

성낸 까마귀 흰빛을 시기하니
창파에 깨끗이 씻은 몸을 더럽힐까 하노라.

주변 환경의 중요성을 강조한 성어로 「귤화위지(橘化爲枳)」, 「맹모삼천지교(孟母三遷之敎)」 등이 있다.

❷ 狐死兎悲 (호사토비) 狐死兎悲 여우 **狐** 죽을 **死** 토끼 **兎** 슬플 **悲**

「여우가 죽으니 토끼가 슬퍼한다」는 뜻으로, 동류(同類)의 불행을 슬퍼하는 것을 비유하는 말이다.

여우와 토끼는 그 힘의 강약이 차이가 있기는 하지만 사람의 사냥감이 되기는 매한가지다. 따라서 여우가 죽으면 그 다음 차례는 토끼일지도 모르고, 토끼가 죽으면 여우가 그 다음 차례일지도 모르는 동병상련(同病相憐)의 처지인 것이다. 「호사토비」는 남의 처지를 보고 자기 신세를 헤아려 동류의 불행을 슬퍼하는 것을 비유하는 고사성어로 쓰인다.

《송사(宋史)》 이전전(李全傳)에 있는 이야기다.

송(宋)은 금(金)나라의 공격에 밀려 강 북쪽지방을 빼앗기고 강남의 임안(臨安)으로 도읍을 옮기니, 이를 남송(南宋)이라 한다. 금나라가 차지한 강북지역에서는 한인(漢人)들이 자위를 겸한 도적 집단을 이루었고, 이들은 나중에 금나라에 빼앗긴 북송의 땅을 회복하려는 의병의 성격을 띠게 되었다. 양안아(楊安兒)도 그 가운데 한 사람이었다.

그런데 양안아가 금나라와의 싸움에 전사하고 말았다. 그러자 그의 여동생 양묘진(楊妙眞)이 무리를 이끌었다. 여기에 이전(李全)의 무리가 합류하였고, 이전과 양묘진은 부부가 되었다. 이전은 남송에 귀순하였는데,

남송에서는 이처럼 귀순한 봉기군을 북군(北軍)이라고 불렀다.

이전은 초주(楚州)에 진출하여 남송과 금나라와 몽골을 상대로 항복과 배신을 반복하였다. 하전은 남송 회동제치사(淮東制置使) 유탁(劉琸)의 부하로, 본래 북군 출신이었다. 하전이 군사를 이끌고 초주를 공격하려 하자, 양묘진은 사람을 보내 다음과 같은 말을 전했다.

「여우가 죽으면 토끼가 우는 법이니, 이씨(이전을 가리킴)가 멸망하면 하씨(하전을 가리킴)라고 홀로 살아남을 수 있겠습니까? 장군께서 잘 살펴 주시기를 바랍니다(狐死兎泣 李氏滅 夏氏寧獨存 愿將軍垂盼)」

이는 하전을 안심시켜 속이기 위한 계책이었다. 하전은 이에 넘어가 유탁을 몰아낸 뒤 성으로 돌아왔으나 양묘진은 태도가 돌변하여 그를 성안으로 들이지 않았다. 나중에 하전은 금나라에 투항하였다.

「호사토읍(狐死兎泣)」 또는 「토사호비(兎死狐悲)」라고도 한다.

❸ 一絲不亂(일사불란) 一丝不乱 한 一 실 絲 아닐 不 어지러울 亂

실을 뜻하는 실 사(絲)는 糸(가는 실 사)가 두 개 겹쳐 이루어져 있다. 가는 실을 여러 개 꼬아 만드는 게 실이니까 말이다.

한 오라기의 실도 흐트러지지 않았다는 뜻으로, 질서나 체계 따위가 잘 잡혀 있어서 조금도 흐트러짐이 없음을 이르는 말.

❹ 墨子悲染(묵자비염) 墨子悲染 먹 墨 아들 子 슬플 悲 물들일 染

「묵자가 물들이는 것을 슬퍼한다」는 말로, 사람들은 평소의 습관에

묵자와 제자들

따라 그 성품과 인생의 성공 여부가 결정된다는 뜻.

묵자(墨子)는 「똑같이 사랑하고 서로 위하자」는 겸애설(兼愛說)과 비전평화론(非戰平和論)을 주창한 춘추시대의 박애사상가로 유명하다.

《묵자》 소염편에 있는 말이다.

묵자가 어느 날 거리를 지나가다가 염색가게 앞에서 걸음을 멈추었다. 형형색색의 아름다운 물이 들여져 널려 있는 옷감들을 구경하던 그는 문득 이런 생각을 했다.

「빨간 물을 들이면 빨간색, 파란 물을 들이면 파란색, 노란 물을 들이면 노란색……저렇듯 물감의 차이에 따라 빛깔이 결정되고 그것은 돌이킬 수가 없으니, 염색하는 일은 참으로 조심하지 않으면 안 되겠구나.」

집에 돌아온 묵자는 제자들에게 염색가게 앞에서 느낀 바를 이야기한 다음, 이렇게 덧붙였다.

「무릇 세상 모든 일이 다 그와 마찬가지며, 나라도 물들이는 방법에 따라 흥하기도 하고 망하기도 하느니라. 옛 일을 보더라도 어진 신하에게 물이 든 임금은 인의를 실현하며 천하를 태평하게 다스렸고, 사악한 신하에게 물이 든 임금은 나라를 그르쳤을 뿐 아니라 자기 일신도 망치고 말았다. 그러니 평소에 어떤 습관을 가지고 있고 어떤 것에 물드느냐에 따라 성패가 갈리게 된다」

허유세이도(許由洗耳圖, 日 화가 미상)

옛날 순(舜)임금은 어진 신하 허유(許由)와 백양(伯陽)의 착함에 물들어 천하를 태평하게 다스렸고, 우(禹)임금은 고요(皐燿)와 백익(伯益)의 가르침, 은(殷)의 탕왕(湯王)은 이윤(伊尹)과 중훼(仲虺)의 가르침, 주(周)의 무왕(武王)은 태공망(太公望)과 주공단(周公旦)의 가르침에 물들어 천하의 제왕이 되었으며 그 공명이 천지를 뒤덮었다. 그리하여 후세 사람들이 천하에서 인의를 행한 임금을 꼽으라면 반드시 이들을 들어 말한다.

그러나 하(夏)의 걸왕(桀王)은 간신 추치(推哆)의 사악함에 물들어 폭군이 되었고, 은나라의 주왕(紂王)은 숭후(崇侯), 오래(惡來)의 사악함, 주나라 여왕(厲王)은 괵공 장보(長父)와 영이종(榮夷終)의 사악함, 유왕(幽王)은 부공이(傅公夷)와 채공곡(蔡公穀)의 사악함에 물들어 음탕하고 잔학무도한 짓을 하다가 결국은 나라를 잃고 자기 목숨마저 끊는 치욕을 당하였다. 그리하여 천하에 불의를 행하여 가장 악명 높은 임금을 꼽으라면 반드시 이들을 들어 말한다.

평소에 사소하다고 생각되는 일일지라도 그것이 계속되면 습관화하여 생각과 태도가 길들여지는 것이므로 나쁜 습관이 들지 않도록 경계하는 말이다.

❺ 詩有四離 (시유사리) 诗有四离 　 시 **詩** 있을 **有** 넉 **四** 떠날 **離**

「시에는 거리를 두어야 할 네 가지가 있다」라는 뜻으로, 시를 지을 때 벗어나야 할 네 가지 사항을 말한다.

《시식(詩式)》은 당(唐)나라 때의 승려시인 교연(皎然)이 지은 시에 관한 이론서이다. 여기서 교연은 시를 지을 때 멀리해야 할 네 가지 사항에 대하여 이렇게 말하고 있다.

교연 시의도(詩意圖)

「비록 도의 정취를 기약한다고 해도 편벽된 경우는 과감하게 벗어나야 하고, 비록 경전과 사서를 인용한다고 하더라도 서생 같은 차원은 벗어나야 하고, 비록 고아하고 은일한 것을 숭상한다고 하더라도 우원(迂遠)함에서 벗어나야 하고, 비록 날고뛰고자 해도 경박함에서 벗어나야 한다(雖期道情 而離深僻 雖用經史 而離書生 雖尙高逸 而離迂遠 雖欲飛動 而離輕浮)」

이 말은 시를 지을 격조(格調)의 문제를 논한 것이다. 아무리 원칙이 옳다고 해도 이를 무분별하게 활용할 경우 생기는 폐단을 염두에 두면서 시를 써야 한다는 지적이 담겨 있다.

편벽되게 도를 설파하거나, 글방 서생처럼 경사자전(經史子傳)을 인용하거나, 실생활에서 지나치게 동떨어지거나, 발랄함이 지나쳐 경박해 보이는 것 등은 모두 시의 품격을 떨어뜨리는 것이므로 거리를 두고 멀리하여야 한다고 강조한 것이다.

「시유사심(詩有四深)」, 「시유사불(詩有四不)」도 《시식》에 함께 실려 있다.

❻ 自畵自讚 (자화자찬) 自畵自讚 스스로 **自** 그림 **畵** 칭찬할 **讚**

「자기가 그린 그림을 자신이 스스로 칭찬한다」는 뜻으로, 자기가 한 일을 자기 스스로 자랑하는 것을 말하며 자찬(自讚)이라고도 한다. 제 일을 제 스스로 자랑하는 것을 비유한 말이다.

본래 동양화에서 자기가 그린 그림에 대해 설명하느라 붙인 글, 감상하느라 쓰는 글을 나타는 말이다.

자기 자신의 능력에 자신감을 가지고 자기가 그린 그림에 스스로 자부하는 마음을 지니는 것은 좋은 일인 반면, 다른 사람을 보잘것없이 여기거나 자아도취에 빠지지는 말아야 한다.

자기가 이룬 성공이나 업적을 지나치게 자랑하여 자화자찬하면 자기도취에 빠져서 자신이 저지른 잘못이나 실수마저 합리화하여 자기 혼자만의 생각으로 결정하는 독단(獨斷)으로 흐를 수 있기 때문이다.

❼ 詩讚羔羊 (시찬고양) 诗讚羔羊 글 **詩** 기릴 **讚** 새끼 양 **羔** 양 **羊**

시(詩)는 「고양(羔羊)」편을 찬양하다.

《천자문》에 있는 말이다.

「묵자는 실이 물드는 것을 보고 슬퍼하였고, 시(詩)는 『고양(羔羊)』편을 찬양하였다(墨悲絲染 詩讚羔羊)」

묵자(墨子)는 「똑같이 사랑하고 서로 위하자」는 겸애설(兼愛說)과 비전평화론(非戰平和論)을 주창한 춘추시대의 박애사상가로 유명하다.

「묵자는 실이 물드는 것을 보고 슬퍼했다(墨悲絲染)」는 말은 《묵자》 소염편에 있는 이야기다.

묵자비염

묵자가 어느 날, 거리를 지나가다가 염색가게 앞에서 걸음을 멈추었다. 형형색색의 아름다운 물이 들여져 널려 있는 옷감들을 구경하던 그는 문득 이런 생각을 했다.

「빨간 물을 들이면 빨간색, 파란 물을 들이면 파란색, 노란 물을 들이면 노란색……저렇듯 물감의 차이에 따라 빛깔이 결정되고 그것은 돌이킬 수가 없으니, 염색하는 일은 참으로 조심하지 않으면 안 되겠구나」

집에 돌아온 묵자는 제자들에게 염색가게 앞에서 느낀 바를 이야기한 다음 이렇게 덧붙였다.

「무릇 세상 모든 일이 다 그와 마찬가지며, 나라도 물들이는 방법에 따라 흥하기도 하고 망하기도 하느니라. 옛 일을 보더라도 어진 신하에게 물이 든 임금은 인의를 실현하며 천하를 태평하게 다스렸고, 사악한 신하에게 물이 든 임금은 나라를 그르쳤을 뿐 아니라 자기 일신도 망치고 말